다음 리카에게

다음 리카에게

김이듬

두 이름의 이방인, 세대를 건너 전하는 말

민음사

죽음이 두렵다. 죽음이 두렵지 않은 사람이 어디 있겠나 싶지만, 내가 두려워하는 것은 죽는 순간이 아니라 죽음의 장소가 정해지지 않았다는 사실이다.

어릴 적부터 내가 발 딛고 서 있는 땅이 내 자리가 아니라는 감각을 안고 살아왔다. 내가 있어서는 안 될 것 같은 곳, 그럼에도 머물고 싶은 곳, 하지만 결국 떠나야 할 곳. 이렇게 부딪히는 감정 속에서 늘 내가 있는 곳과 거리를 두고 살았다.

2015년 일본을 떠나 한국에 정착한 뒤에도

크게 달라지지 않았다. 한국에서도 나는 여전히 어딘가에 뿌리내리지 못한 채 민들레 씨앗처럼 떠돌고 있다.

땅 시리즈에 함께하자는 제안을 받고 떠올린 작품이 있다. 쿠바 혁명에 참여한 한인 임은조(헤로니모 임)의 삶과 쿠바 한인 이민사를 다룬 전후석 감독의 영화「헤로니모」. 영화에서 한 한인 어르신은 조상들의 묘지에 찾아가 이렇게 말한다. "이 땅에서 불멸의 존재란 죽음뿐이다."

사람들은 죽기 전에 자신이 묻힐 곳을 정한다. 흙에 묻히든 불에 태워지든 결국 하나의 고정된 장소가 남는다. 물론 인도에는 유골을 강물에 흘려보내는 문화가 있고 한국이나 일본에도 바다에 뿌려지기를 원하는 사람들이 늘어나고 있다. 그러나 그 모든 선택 역시 '묻힌다'라는 전제에서 완전히 벗어나지는 못한다.

묘지는 우리의 마지막 목적지이자 가장 오래 머무는 집이다. 우리가 도달하는 최종의 장소, 일종의 불멸의 자리. 그 한 자리를 선택해야 한다는 사실은 나에게 결코 쉽지 않은 과제다. 언젠가 그 결정을 내려야 하는 순간이 오면 과연 제대로 선택할 수 있을까. 그런 생각을 하면 마음 한구석이 어두워진다.

나는 한곳에 머물고 싶지 않고, 무엇인가에 속박되는 일은 더더욱 피하고 싶다. 그런데 문득 내가 태어나고 자란 곳이 그리워질 때, 실제로 그곳에 발을 딛고 묘한 안도감을 느낄 때, 나는 내가 결코 땅으로부터 자유로운 존재가 아님을 깨닫는다.

한국에 사는 자이니치 3세이자 자이니치 1세 할머니의 손자, 2세 어머니의 딸로서, 땅은 나를 붙잡는 조임쇠인 동시에 나를 움직이게 하는 도화선이었다. 떠나고자 할 때는 발목을 붙들고 안착하고 싶을 때는 다시 공중에 띄워 버리는.

우리에게 땅이란 무엇일까. 태어난 곳일까, 자라온 곳일까, 아니면 죽어 돌아갈 곳일까. 일본에서 태어나 살다가 한국에 와서 나의 자리를 만들어 가고 있는 자이니치 3세인 나는 땅이 던지는 이 질문 앞에서 오랫동안 고민했다. 나를 지배해 온 땅에 대한 양가적 감정을 이해하고자 이 글을 썼다. 그러면서 그 감정 속에 남아 있는 자이니치 1세와 2세의 흔적과 마주하고자 했다. 나 자신을 위해서, 그리고 나와 같은 고민을 안고 살아가는 모든 사람을 위해서, 죽음에 대한 두려움의 근원으로 한 걸음 더 파고들어 보려 한다.

차례

1장

일본에 있다

2025년 4월 30일 오전 10시, 김포국제공항 입국 게이트. 나는 게이트를 나오는 사람들의 표정을 하나씩 훑어보고 있다.

통제된 공항에서 빠져나오는 순간 사람들의 표정은 대체로 비슷하다. 긴장과 불안이 얼굴에 그대로 묻어난다. 특히 한국에 첫발을 디딘 사람들의 표정에는 낯선 공기 속에서 느끼는 설렘과 두려움이 뒤섞여 있다. 자신을 기다리는 사람이 있을 때는 게이트 주변을 둘러싼 사람들의 얼굴을 한 명 한 명 찬찬히 더듬는다. 그리고 마침내 찾던 이를 발견했을 때, 두려움은 단번에 편안함으로 바뀐다. 내 얼굴을 발견한 어머니도 마찬가지였다.

일본에서 무거운 캐리어를 끌고 한국에 도착한 어머니를 데리고 와이파이 라우터를 대여하고 용산역으로 향하는 지하철에 몸을 실었다. 반년 만에 다시 마주한 우리는 그동안 쌓인 이야기들을 쉴 새 없이 쏟아냈다. 최근 몸이 아파 병상에 누워 계신 아버지 이야기, 여러 일을 전전하다가 마침내 한곳에 정착한 막냇동생 소식. 만날 때마다 반복되는 가족의 근황이었다. 나는 어머니의 말에 귀 기울이며 맞장구를 치면서도 마음속으로 계속 시간을 재고 있었다.

그 이야기를 언제 어떻게 꺼내야 할까.

"그래서 우리는 오늘 전주로 가는 거야?" 어머니가 물었다.

"응, 오늘 개막식에 같이 갈 거야."

어머니는 한국에 와도 거의 서울에만 머문다. 장거리라고 해 봐야 수원 정도. 전주까지 가는 것은 어머니에게 사건이었다. 전주의 맛집이며 볼거리를 미리 찾아본 듯 입가에는 기대가 묻어났다.

나는 조심스레 말했다. "내 영화는 어머니와 나

에 대한 이야기야."

평온한 표정을 지으려 애쓰는 내 앞에서 어머니는 눈을 깜박이며 물었다. "나는 조연 아니었어?"

그러고는 금세 웃으며 덧붙였다. "주연이라니, 무섭네."

말은 무섭다고 했지만, 어머니의 얼굴에서는 웃음이 사라지지 않았다. 딸의 일탈쯤은 가볍게 받아 낼 수 있다는 듯한 표정이었다.

나는 영화에 대해 더 설명해야 할지 잠시 고민했다. 하지만 말이 목구멍까지 차올랐다가 다시 가라앉았다. 영화 속에서 내가 어머니에게 건네는 고백을 듣고 어머니가 어떻게 느낄지 두려웠다. 하지만 미리 말하고 싶지도 않았다. 스크린 위에서 처음 전하고 싶은 말이 있었으니까.

결국 나는 걱정을 잠시 접어 두고 어머니와 함께 전주로 향하는 KTX에 몸을 실었다.

이름 긴리카

자이니치(在日).

'일본에 있다'라는 뜻의 이 두 한자는 일본에서 일반적으로 재일 동포를 가리키는 말로 쓰인다. 더 길게는 재일 코리안(在日コリアン)이라고도 한다. 1910~1945년 일본의 한반도 식민 통치 시절 일본으로 이주해 해방 이후에도 일본에 남아 정착한 사람들과 그 후손들을 뜻한다. 1945년 해방 직후 일본에는 약 230만 명의 한반도 출신자들이 있었고, 그중 약 60만 명이 일본에 남았다. 나의 어머니와 아버지를 낳고 기른 조부모도 그들 중 한 명이었다.

나는 1991년 일본 도쿄에서 태어났다. 부모 역시 도쿄 출신으로, 한국어를 할 줄 모르는 자이니치 2세다. 자이니치가 다니는 민족학교[1]에

---

1 일본에서 재일 코리안이 다니는 민족학교는 크게 두 종류로 나뉜다. 하나는 조선민주주의인민공화국(북한)을 지지하는 재일 코리안 단체인 재일본조선인총련합회(총련)가

서는 한국어(또는 조선어)로 수업을 하기 때문에 모국어를 자연스럽게 습득할 수 있지만, 아버지도 어머니도 민족학교에 다닌 적이 없다. 다른 일본인 학생들처럼 일본 학교에 다녔고, 일본에서만 살았다. 하지만 부모는 한국 국적을 유지하고 있고, 아버지는 긴(김), 어머니는 곤(권)이라는 한국식 성을 일본식 발음으로 쓰고 있다. 그 방침은 딸 셋에게도 계승되었다.

부모가 첫째 딸인 나에게 준 이름은 '리카'다. 일본에서 자주 보는 흔한 이름이다. 하지만 성은 긴, 일본 이름에는 없는 한국식 성이다. 김

운영하는 조선학교(朝鮮学校)이고, 다른 하나는 대한민국 정부를 지지하는 단체인 재일본대한민국민단(민단)이 운영하는 한국학교(韓国学校)다. 2025년 기준으로 조선학교는 일본 전국에 40여 곳이 있으며, 한국학교는 도쿄와 오사카를 중심으로 6곳이 운영되고 있다. 민족학교에서는 주로 한국어 또는 조선어로 수업이 이루어지며, 한국 역사를 국사 과목으로 배운다. 조선학교는 북한과의 정치적·이념적 연관성을 이유로 일본 정부의 고등학교 수업료 무상화 제도 등 각종 공적 지원 대상에서 제외된다. 이러한 제도적 차별 속에서 조선학교의 학생 수는 해마다 감소하고 있다.

이 아니라 긴인 이유는 일본에서 金이라는 한자를 ‘긴’이라고 읽기 때문인데, ‘김’이라고 읽어도 되는 걸 굳이 긴이라고 읽는다기보다 단지 한국식으로 읽는 방식을 잘 몰랐던 것 같다. 우리 가족은 특별한 이유 없이 김 씨가 아닌 긴 씨로 살았고, 내 이름은 긴리카(金里香)가 되었다.

어머니와 아버지는 딸들에게 가족의 역사를 제대로 설명해 주지 않았다. 단지 ‘우리는 한국인이라 성이 짧다. 일본인과 다르다.’라고만 일러 주었고, 구체적으로 어떤 점이 일본인과 다른지는 이야기해 주지 않았다. 일본인과 다르다는 가족사에 대해 부모가 침묵한 가운데 내가 처음으로 나의 존재에 대해 위화감을 느낀 건 초등학교 1학년 때였다.

미술 수업 시간이었다. 점토로 동물을 만들고 거기에 각자 영어 이름을 새겼다. 이름을 RIKA라고 쓰는 건 괜찮았는데, 성이 문제였다.

KIM인가, KIN인가.

그동안 일본 히라가나로는 **きん**(킨)이라고

써 왔지만, 마지막 ん 자를 M이라 써야 하는지 N이라 써야 하는지 헷갈렸다. 결국 한참 고민하다가 KIM RIKA라고 썼다. 어린 시절 내가 한국식으로 성을 쓴 유일한 기억이다.

어릴 때부터 "너는 어느 나라 사람이야?"라는 질문이 무서웠다. 이국적인 성에 일본식 이름이니 친구들이 궁금해하는 건 당연한 일이었지만, 그 질문에 한국 사람이라 그렇다고 바로 대답할 수 없었다. 잘 모르는 척하거나 "아버지는 한국 사람이야."라고 말하면서 어머니가 일본 사람이라고 여겨질 가능성을 확보했다. 부모가 나에게 '너는 주변 일본 친구들과 다르다'라고 교육한 것과 반대로, 내가 친구들에게 보여 주려 했던 건 '나는 너와 다르지 않다'라는 것이었다.

나는 부모와 마찬가지로 민족학교가 아닌 일본의 일반 학교에 다녔고, 주변에 나처럼 한국식 성을 가진 사람이 없었다. 혼자 이질적인 존재가 되면 따돌림을 당할 수 있다는 불안감을 늘 느꼈다. 실제로 따돌림을 당한 적은 없지만, 애초에 가능성을 차단하기 위해 자기소개가 필요한 장소에는 가지 않았다. 새로운 친구를 사귀지 않으려 했고, 학교 바깥에서 하는 활동에도 나가지 않았다. 그렇게 내가 자이니치라는 사실을 주변에 알리지 않으려 애쓴 나머지 나는 사교성 없는 아이가 되었다.

"왜 우리는 한국식 성을 쓰는 거야?" 어머니에게 조심스럽게 물어본 적이 있다. 아버지에게는 '가나우미'라는 일본 통명[2]이 있었지만, 일상 생활에서 한번도 쓴 적이 없었다.

어머니는 질문하는 내 얼굴에서 비판적인 기색을 느꼈는지 이렇게 대답했다. "왜? 긴이라는 성이 얼마나 멋있는데. 어머니는 곤이라

2   통명(通名)이란 일본에 거주하는 외국인, 특히 자이니치가 일상생활에서 사용하기 위해 취득한 일본식 성을 가리킨다. 법적으로 본명(한국 이름)과 구분되며, 주민등록이나 법적 서류 작성 시 본명을 사용하되 학교나 직장에서는 통명을 사용할 수 있다.

는 촌스러운 성이라 긴이라는 성을 가진 네가 부러워.”

이어 덧붙였다. “가나우미가 아니라 긴이라는 성으로 학교에 다니게 하는 이유는 너희가 한국 사람으로 당당하게 살기를 바라서야.”

그 말을 듣고 나는 더 이상 긴이라는 성이 싫다고, 일본식 성으로 학교를 다니고 싶다고 부모에게 말할 수 없겠다고 생각했다.

한국인으로서 당당하게 살아야 하며, 긴이라는 이름을 자랑스럽게 생각해야 한다. 이름에 대해 고민하는 것은 당당하지 못한 태도다. 늘 모범생인 척했던 어린 나에게 어머니의 말은 의심 없이 따라야 할 명분이자, 그 뒤 오랫동안 나를 ‘한국 사람’이라는 감옥에 가둔 저주의 말이 되었다.

어머니에게 왜 자식들을 민족학교에 보내지 않았는지 물어보기도 했다. 딸이 한국인으로 살아가기를 바랐다면 조선학교나 한국학교에 보낼 수도 있지 않았을까. 어머니의 대답은 명확했다. 어머니도 아버지도 민족학교를 다닌 적이 없기 때문에. 게다가 조선학교는 조선민주주의인민공화국 즉 북한을, 한국학교는 대한민국을 강하게 지지하는 교육 이념을 따르는데, 우리 가족은 정치적으로 어느 한 국가에도 충성하고 있지 않기에 맞지 않는다는 거였다.

자이니치 민족교육이 한반도의 분단과 함께 둘로 나뉘면서 민족학교의 문턱은 더욱 높아졌다. 그러나 민족교육의 부재는 곧 자기 자신을 한국 사람이라고 느낄 수 있는 언어와 경험의 부재를 의미한다.

한국 사람이 되기 위해서는 어떤 조건이 필요할까. 한국 사람이라고 말하기에는 우리 가족은 한국어는 물론 한국 음식, 한국 역사, 한국 노래까지 한국에 대해 아무것도 몰랐다. 그저 한국 국적을 가지고 있고 김해 김씨(金海金氏) 족보에 아버지 이름이 새겨져 있을 뿐이었다. 고작 그 요소만으로 자기소개를 할 때 "나는 한국 사람이야."라고 말하기엔 그 근거가 너무 빈약해 보였다. 하지만 어머니는 달랐다.

어머니는 어릴 때부터 딸 셋에게 한국 사람답게 살기를 강요했다. 자신의 '한국 사람다움'을 딸을 통해 다른 사람들에게 보여 주려 했다는 표현이 더 정확할 테다. 나는 친구들에게 한국 사람이라고 밝히지 않았지만, 어머니를 만난 친구들은 내가 한국 사람인 것을 알 수밖에 없었다. 친구가 집에 놀러 오면 어머니는 "한국 국밥"이라며 밥이 들어간 일본 미소스프를 내놓았다. 초등학교에 제출한 내 신상 정보지의 종교 칸에는 "유교(한국의 종교)"라고 썼다.

학교에 다닐 때는 신상 정보지의 존재를 몰랐다가, 초등학교를 졸업하는 날 선생님에게 돌려받은 그 종이에 "유교(한국의 종교)"라고 적힌 어머니의 손 글씨를 보고 창피했던 기억이 선명하다. 우리 가족은 기독교도 불교도 믿지 않았는데, 아무도 보지 않을 신상 정보지에 굳이 유교라고 써서 한국 사람다움을 보여 주려 했던 어머니의 간절함과 순수함이 창피했다.

둘째 동생의 여름 방학 숙제 사건도 잊을 수 없다. 2000년 시드니 올림픽이 열린 해, 초등학교 2학년이었던 동생이 받은 숙제는 자신이 응원하는 선수에 관한 신문 기사를 모아 스크랩북을 만드는 것이었다. 어머니는 동생에게 한국 선수에 관한 기사만 모으라고 지시했다. 정확히 말하면 어머니가 동생 대신 그 숙제를 했다.

여름방학이 끝나고 동생이 제출한 응원 선수 노트는 한국 선수에 관한 기사로 가득 차 있었다. 동생의 담임 선생님은 그 결과물을 보고 어머니를 불러 사과했다고 한다.

"무의식적으로 일본 선수를 응원하도록 강요한 것 같아요. 반 안에는 다양한 배경의 학생이 있는데 배려가 부족했어요."

이 사건은 몇 년 동안 어머니의 자랑스러운 무용담으로 전해졌다.

하지만 어머니가 동생의 숙제를 대신 하는 모습을 보면서 내가 느낀 건 자랑스러움이 아니라 반감이었다. 일본 선수들의 기사를 모으게 한 선생님과 마찬가지로 동생의 의사와 상관없이 한국 선수의 기사를 모으도록 한 어머니의 태도가 폭력적으로 느껴졌다. 여름 방학 숙제는 그해 가을 학교 축제 기간 교실에 진열되어 다른 사람들이 보게 될 거였다. 그중에는 한국에 대해 안 좋은 감정을 가진 사람도 있을 것이다.

동생은 괜찮을까. 동생과 같은 학교에 다니는 나까지 한국 사람인 것을 친구들에게 들키는 건 아닐까. 어머니의 자존심을 채우기 위한 그 행동이 나와 동생에게 어떤 심리적 부담을 짊어지게 할지 어머니는 전혀 생각하지 않는 것 같았다. 시간이 지나 그 일에 대해 동생에게 물었는데 동생은 전혀 기억하지 못했다.

나에게는 어머니가 한국 사람이 아니라 한국 사람이 되기 위해 노력하는 사람 같았다.

2002년 한일월드컵. 아버지도 나도 동생들도 침실에서 잠들려던 늦은 밤, 어머니는 혼자 빨간 머리띠를 매고 거실에서 소리를 지르며 한국 팀을 응원했다. 나는 침대 위에서 어머니의 환호를 들으며 궁금해했다.

무엇이 어머니를 이토록 고무시키는 걸까? 한국 선수도 잘 모를 텐데? 그냥 한국 팀을 응원하는 자신에 도취된 것이 아닐까?

"야호!"

큰 외침과 박수 소리가 들렸다. 한국 팀이 이겼나 보다. 상대는 어느 나라 팀이었을까. 일본 팀이었을까. 그때 나는 월드컵 경기에도, 한국 팀에도, 응원하는 어머니의 마음에도 별로 관심이 없었기에 어느새 잠들고 말았다.

전주에 도착한 나와 어머니는 지정된 호텔로 향했다. 전주국제영화제에서 감독과 배우들에게 제공한 4성급 호텔 로비에는 초청 명단에 오른 사람들이 길게 줄을 서 있었다. 어머니는 넓은 로비와 화려한 분위기에 놀란 듯, 아는 배우 얼굴이라도 찾는다는 듯 이리저리 두리번거렸다. 환호하는 표정 속에는 여전히 이 모든 상황을 남의 일처럼 느끼는 거리감도 섞여 있었다.

행사장으로 이동하기 전 배우 대기실에 들어선 순간, 어머니는 비로소 자신이 영화제의 배우로 초청받았다는 사실을 실감한 듯했다. 조금씩 굳어 가는 표정에서 긴장하고 불안한 티가 났다. 나는 어머니를 안심시키려 말을 건넸지만, 실은 나 역시 처음 겪는 상황에 긴장하고 있었다.

레드카펫이 깔린 개막식 행사장으로 이동하는 차 안에서 어머니는 스마트폰 카메라를 켜고 영상을 찍기 시작했다.

"이제 딸과 레드카펫을 걸어요. 이런 경험은 처음이네요."

누구에게 보낼 것도 아니면서, 브이로그를 찍듯이 혼잣말하며 촬영을 이어 갔다. 어머니는 우리 차례를 부르는 한국어 안내를 알아듣지 못한 채 현실이 아닌 듯한 눈앞 풍경을 스마트폰에 담고 있었다.

"다음은 김이향 감독님과 권혜숙 배우님입니다!"

사회자의 목소리가 들렸다.

"어머니, 이제 내려요. 우리 부른 거예요."

귀화를 시도하다

평일에는 일본 학교에서 일본어를 국어로 배우고 주말에는 일본인 친구와 노는 나날. 나의 일상에 '한국'은 하나도 없었다. 어머니 역시 늘 "한국 사람답게"라고 말했지만 막상 한국 음식을 만들지도 않았고, 자식들에게 한국어를 가르치거나 스스로 배우려고 하지도 않았다. 한국 드라마를 즐겨 보고 월드컵 경기나 올림픽 경기가 있을 때 한국 팀을 응원하는 정도였다.

하지만 나의 한국 국적과 한국 성은 늘 나를 붙잡았다. 2학년에서 3학년, 3학년에서 4학년으로 올라가며 새로운 담임 선생님이 내 이름을 처음 부르는 순간이면 항상 위축되었다. 이름을 부르는 선생님의 표정이 무서웠다. 반이 바뀔 때마다 해야 하는 자기소개가 고통스러웠다. 자기소개를 듣는 친구들의 눈빛이 무서웠다. 실제로 반 안에는 수업에서 한국에 관한 이야기가 나올 때 "한국은 미개한 나라다.", "한국 사람은 다 못생겼다."라는 말을 쉽게 내뱉는 일진 학생들이 있었다. 내가 한국 국적임이 들키면 그들은 분명 나를 괴롭힐 것이었다.

일상에서 느끼는 나의 불안에 대해 여동생이나 부모, 그리고 나와 비슷한 상황에 있는 친척들에게 토로할 수 있었다면 얼마나 좋았을까. 나는 그러지 못했다. 동생에게는 의지할 수 있는 언니여야 했고, 어머니에게는 한국인스러움을 버리지 않은 착한 딸이어야 했고, 아버지에게는 고민하는 기색을 보이지 않는 모범생이어야 했다.

어머니는 형제자매가 넷, 아버지의 경우 일곱이었기 때문에 친척들도 스무 명이 넘었다. 아버지 쪽 친척은 설날과 추석에 모여서 차례를 올리고 조상의 기일에는 제사를 지냈기 때문에

1년에 다섯 번은 친척들이 한자리에 모였다. 아버지는 일곱 형제 중 막내라 사촌들은 모두 나보다 나이가 많았다. 나는 할아버지 집에 모여 사촌 언니, 사촌 오빠들과 노는 것을 좋아했다.

사촌들은 모두 가나우미라는 성을 썼다. 가나우미는 한자로 金海, 즉 김해 김씨의 김해에서 딴 성이다. 일본 식민 통치 시절에는 조선인들에게 일본식 성을 강요하는 창씨개명 정책이 있었다. 친할아버지가 그 시절부터 가나우미라는 성을 썼는지 아니면 한반도 해방 후 한국인임을 드러내지 않기 위해 일본식 성을 쓰기 시작했는지는 모른다.

나는 일본에서 흔히 볼 수 있을 것 같은 가나우미라는 성을 가진 사촌들이 부러웠다. 나중에야 가나우미라는 성 또한 일본에서 흔하지 않다는 걸 알았지만, 당시에는 언니, 오빠들이 외향적이고 당당한 건 일본식 성을 가지고 있기 때문이라고 생각했다. 친척들을 만나고 집으로 돌아오는 길에는 항상 긴이라는 성으로 일본 학교를 다니게 하는 아버지와 어머니를 속으로 미워하곤 했다.

가나우미 리카(金海里香)로 살고 싶다. 그래야 완벽해진다. 완벽하게 일본 사회에 녹아들 수 있다. 주변에 나처럼 한국식 성을 쓰는 자이니치를 한 명도 만나지 못했던 어린 시절의 나는 혼자 비극의 주인공이었다. 그리고 이 고독감에서 벗어날 방법은 오로지 일본 국적을 얻고 일본식 성을 가지는 것밖에 없다고 생각했다.

중학생이 되었을 무렵 처음으로 휴대폰을 갖게 되었다. 가족이 함께 쓰는 노트북이 아닌 나만의 전자기기를 갖게 되면서, 나는 매일 설레는 마음으로 다양한 검색어로 인터넷 서핑을 했다.

在日 帰化(자이니치 귀화). 어느 날 문득 그런 키워드로 검색을 하고 결과를 위에서부터 살펴보았다. 귀화란 무엇인지 사전적 의미를 설명하는 기사, 한국인이 귀화하는 행정 절차를 알려주는 기사 그리고 귀화에 관한 논문들……. 페이

지를 계속 넘기다가 자이니치였다가 귀화해 일본 국적자가 된 한 사람의 블로그를 찾았다.

블로그에는 그 사람의 생애사가 쓰여 있었다. 어릴 적부터 한국 국적을 강요했던 부모, 한국어도 못하면서 한국 국적인 것에 위화감을 느꼈던 시절, 귀화하는 자이니치를 '민족의 배신자'로 여기는 자이니치 사회에 대한 반감, 일본에서 인종적 소수자로 살아가는 불편함, 그리고 국적이나 민족에 얽매이고 싶지 않아 귀화를 결심하게 된 계기까지. 그 사람이 쓴 모든 글에 공감했다.

내가 미처 말로 표현하지 못했던 내적 갈등을 그 사람은 고스란히 글로 쓰고 있었다. 당시 중학생이던 나는 처음으로 가족이 아닌 자이니치를 만나 들떴다.

"오늘 일본인이 되었어요."

블로그의 마지막 게시물 제목이었다.

글에는 귀화 절차가 끝났다는 사실과 앞으로 일본 사회의 구성원으로 살아갈 포부가 담겨 있었다. 그 마지막 글에는 귀화를 축하하는 댓글이 빼곡했는데, 그중 한 댓글이 유독 눈에 들어와 머릿속에서 떠나지 않았다.

"こちら側の世界へようこそ(이쪽 세계로 오신 것을 환영합니다!)"

처음에는 그 말이 무슨 뜻인지 잘 이해하지 못했다. 이쪽 세계라니? 내가 살고 있는 세계와 일본인들이 살고 있는 세계는 같은 세계 아닌가? 왜 이쪽 세계라고 하는 걸까? 얼마 지나지 않아 그 말의 뜻을 어렴풋이 짐작했다. 내가 자이니치로서 스스로 이질적으로 느끼는 것처럼, 일본 사람들 역시 자이니치를 다른 존재로 본다는 뜻이었다. 자이니치가 살아가는 사회, 계층, 환경이 자신들과 다르다는 의미였다.

지금 생각하면 순진한 말이다. 국적을 일본으로 바꾼다고 해서 곧바로 일본인의 '이쪽' 세계로 넘어올 수 있다고 믿는 것은, 자이니치가 어떤 역사와 차별 속에서 일본에 남아 살아왔는지, 어떤 문화를 지켜 왔는지 모르는 일본인들의 무지를 보여 준다. 이 말에는 일본 국적자인 자신들은 변하지 않겠다는 거만한 태도와 자이니치가 일본 국적을 선택해야만 자신들과 동등한 사람으로 인정해 주겠다는 멸시가 들어 있다.

하지만 중학생이었던 나에게 그 댓글은 귀화만 하면 지금과 다른 세계로 넘어갈 수 있다는 희망의 문구로 다가왔다.

"오늘 일본인이 되었어요."

그 글을 끝으로 블로그는 더 이상 갱신되지 않았다.

중학교를 졸업하고 고등학생이 되었다. 슬슬 진로에 대해 생각해야 하는 시기. 일본에는 여름 방학 동안 대학에서 고등학생을 대상으로 공개 수업을 하는 오픈 캠퍼스(オープンキャンパス) 행사가 있다. 고등학생들은 오픈 캠퍼스를 통해 대학의 분위기를 미리 파악하고, 가고 싶은 학과의 수업을 체험할 수 있다. 나는 당연히 일

본 대학으로 진학할 생각이었기 때문에 여러 대학의 오픈 캠퍼스에 참여하며 진로를 고민하고 있었다. 그러다 문득 좋은 생각이 떠올랐다.

‘공무원이 되자. 그러면 귀화할 명분이 생기겠다!’

고등학교 1학년 여름 방학 때였다.

일본의 공무원은 원칙적으로 일본 국적자만 될 수 있다. 시험에 합격만 하면 되고 안정적이라 인기 있는 직업이다. 공무원이 되고 싶다고 말하면서 자연스럽게 귀화하겠다고 하면 어떨까? 공무원이 되고 싶다는데 반대할 리는 없겠지? 어머니에게 바로 말하기엔 부담스러워서 아버지가 돌아오면 먼저 말해 보기로 했다. 나는 긴장한 마음으로 아버지의 귀가를 기다렸다.

“공무원이 되고 싶어.”

그 한마디에 대한 아버지의 반응은 내 예상과 달랐다. 나는 그 말 속에 숨은 다른 의도를 들키지 않으려 애쓰며 최대한 담담하게 말했는데, 아버지는 한참 내 얼굴을 바라보다가 물었다.

“너, 귀화하고 싶어?”

그렇게 말하는 아버지의 눈이 점점 붉어졌다. 분노가 아니라 슬픔이 가득한 눈빛이었다. 처음 보는 아버지의 모습에 나는 어떻게 반응해야 할지 몰랐고, 결국 나도 울고 말았다.

“응.” 귀화하고 싶느냐는 아버지의 질문에 짧게 대답했다.

아버지는 나를 안아 주며 이렇게 말했다.

“그래, 아버지도 한국 국적 때문에 힘든 일이 많았어. 네가 귀화를 원한다면 어머니와 이야기해 보자.”

아버지는 내가 왜 귀화하고 싶은지, 어떤 고민을 해 왔는지 묻지 않았다. 하지만 나 또한 아버지가 한국 국적 때문에 힘들었다는 말을 처음 듣고도 더 이상 묻지 않았다. 나중에야 아버지가 한국 국적 때문에 직장에서 승진하지 못했다는 사실을 알게 되었다. 당시에 더 묻지 못했던 것은 그렇게 약한 아버지의 모습을 본 것이 난생처음이었기 때문이다.

그때 아버지가 내 이야기에 조금만 더 귀를 기울여 주었다면, 내가 왜 귀화를 원하는지를 어머니에게 좀 더 차분하게 설명하고 설득할 수 있었을지 모른다. 그러나 내가 "공무원이 되고 싶다"라고 입을 연 순간 소리를 지르며 격분한 어머니를 아버지는 끝내 막지 못했다.

"너는 공무원이 되고 싶은 게 아니라 귀화하고 싶은 거잖아! 그럼 귀화하고 싶다고 말했어야지!"

어머니는 내가 귀화를 원했다는 것 그리고 공무원이 되고 싶다고 그 마음을 돌려 표현한 것을 바로 알아채고 화를 냈다. 하지만 지금 돌이켜봐도 나는 어머니에게 귀화하고 싶다고 솔직하게 말할 수 없었다. 어릴 때부터 한국 사람으로 살고 싶어 하던 어머니의 모습을 봐 왔고, 딸들이 한국 국적자로 사는 것을 당연하게 여긴 사람이었기 때문이다.

그날 밤, 집 안은 어머니의 통곡과 그런 어머니를 설득하려다 함께 감정이 격해진 아버지의 호통, 그리고 나의 울음소리로 아수라장이 되었다. 어머니는 끝내 내 귀화에 반대했다. 처음에 아버지는 가족 모두 함께 귀화하자고 제안했다. 미성년자는 원칙적으로 부모 중 한 명과 함께 귀화해야 하기 때문이다. 어머니는 단호히 거절했다. 그 후 아버지가 아버지와 나만 귀화하는 방안을 제안했을 때도 마찬가지였다.

"귀화하면 이제 우리 호적에서 빠지는 거야. 그럼 너는 더 이상 내 딸이 아니야. 인연도 끝이야." 어머니는 그렇게 무서운 말로 나를 협박했다.

나의 귀화를 지지했던 아버지도 결국 어머니를 설득하기를 포기했다. 운이 나쁘게도 다음 날에는 담임 선생님과 어머니의 면담이 있었다. 분노가 식지 않은 어머니는 선생님에게 어제 일을 이야기하며 나를 설득해 달라고 부탁했다. 하지만 선생님의 설득은 필요하지 않았다. 나는 이미 어머니의 격분한 모습을 보고 마음을 접었기 때문이다.

조용히 나를 안아 주며 귀화를 허락해 준 아버지도, 귀화를 끝까지 반대한 어머니도 왜 내가 귀화하고 싶었는지를 묻지 않았다. 나 역시 어머니가 왜 그렇게 귀화에 반대했는지 귀 기울이지 못한 채, 그저 미움과 반감만 키워 갔다.

공무원이 되고 싶다는 말이 거짓은 아니었지만, 사실 나도 공무원이라는 직업에 큰 매력을 느낀 건 아니었다. 귀화 계획이 무산되고 진로에 대한 고민도 원점이 된 상황에서 나는 대학 입시 공부에만 몰두했다. 최대한 많은 학생이 있는 큰 대학으로 가고 싶었다. 나 같은 자이니치나 유학생을 만날 수 있는 넓은 세상으로.

대학 합격이 인생의 가장 큰 목표가 되고 나서는 정체성에 대한 고민을 잠시 뒤로할 수 있었다. 귀화를 둘러싼 절교 직전의 대립을 겪었던 어머니와의 관계도 서서히 회복되었다. 회복이라기보다 잠시 없던 일이 되었다고 하는 표현이 더 적절할 것이다.

2장

한국으로 가다

전주영화제 개막식 다음 날, 나와 어머니는 자이니치 관련 영화를 두 편 관람했다.

첫 번째로 본 영화는 이일하 감독의 「호루몽」으로, 자이니치 3세 여성 신숙옥이 극우 시사 프로그램 제작사의 혐오 표현에 맞서 싸우는 장면에서 시작한다. 자이니치이자 여성으로서 그가 어떻게 일본 사회에서 주체적으로 살아왔는지를 보여 주는 작품이었다. 영화 곳곳에는 바닷가 모래 위에서 여성들이 춤추는 장면이 브릿지 역할로 등장했다. 겉으로는 굳건해 보이는 신숙옥 씨 내면의 불안을 드러내는 장치처럼 느껴졌다.

두 번째 영화는 제주 4·3 사건 당시 무장대로 활동하다 붙잡힌 이후 일본으로 밀항해 그곳에서 생을 마감한 자이니치 1세 김동일의 이야기를 담은 임흥순 감독의 「기억 샤워 바다」였다. 이 영화에서도 나라와 나라 사이를 오가는 자이니치의 삶을 보여 주는 장면으로 바다가 자주 등장했다.

두 영화를 본 어머니의 소감은 그리 좋지 않았다. 영화 속 자이니치가 자신과는 거리가 있기 때문이라고 했다. 그동안 접해 온 자이니치의 이미지에서 크게 벗어나지 않아 신선함이 부족하다는 평이었다. 일본 언론에서 주로 표상되는 자이니치는 일본 사회의 차별에 맞서는 존재이거나 한국의 역사와 문화를 적극적으로 외부에 발신해 온 사람들이다. 두 편의 영화 역시 일본인과는 다른 얼굴을 가진 자이니치의 이미지를 보여 주고 있었다. 어머니는 영화의 어떤 장면에서도 자기 자신을 발견하지 못했다며 아쉬운 표정을 지었다.

그 모습을 보며 나는 어머니가 영화를 객관적으로 보고 있다는 데에 안도하는 동시에 걱정도 커졌다. 내가 만든 영화는 바로 어머니가 찾고 있던 '어머니 자신의 이야기'였기 때문이다. 영화는 민족 차별을 직접적으로 언급하거나 한반도 문화에 대한 자부심을 이야기하지 않았다. 다만 나와 어머니의 내면을 집요하게 파고들었다. 이 이야기를 어머니가 감당할 수 있을까.

처음 배운 한국어

대학에 입학하며 한 가지 다짐을 했다. 자기소개를 할 때 내가 자이니치라는 걸 직접 밝히자는 것이었다.

내가 입학한 대학교는 학생 수가 5만 명을 넘는, 일본에서 손꼽히는 규모의 대학이다. 유학생 수가 가장 많기도 해서 입학식만 가도 다양한 학생들과 마주쳤다. 일본인 여학생 500명 정도밖에 없는 중·고등학교에 다녔던 나에게는 큰 변화였다. 나는 이렇게 큰 학교라면 자이니치를 쉽게 만날 수 있을 것이고, 내가 자이니치라고 해도 거리를 두지 않고 사귀어 주는 사람이 있을 거라고 기대했다.

고등학교 친구가 대학에 한 명도 없다는 사실 역시 위안이 되었다. 고등학교 친구들에게 나는 끝내 내가 자이니치라는 사실을 고백하지 못했다. 하지만 친구들은 내가 이질적인 사람이라는 기척을 느끼고 있었을 것이다. 내가 일본인이 아니라는 이유로 나와 가까워지기를 꺼린 사람도 있었을지 모른다.

이 모든 추측과 불안을 안은 채 침묵해 온 나에게 대학은 그 방식을 바꿀 수 있는 절호의 기회였다. 어차피 앞으로 수없이 자기소개를 해야 한다면 차라리 처음부터 자이니치라고 밝히자고 마음먹었다. 당시 일본에서 시작된 한류 붐 또한 나의 등을 떠밀어 주었다. 처음 일본에 한류 붐이 생긴 것은 2000년대 초반, 드라마 「겨울연가」가 방영되던 시기였다. 하지만 그때는 주로 40~50대 여성들이 한국 문화를 좋아

했고, 내 또래 친구들은 별다른 관심을 보이지 않았다.

내가 대학에 입학한 2010년은 제2차 한류 붐이라고 불릴 만큼 한국 대중문화 콘텐츠가 인기였다. 한국 아이돌 소녀시대, 카라, 빅뱅 등이 일본 젊은 세대의 인기를 끌었고, 일본 TV 프로그램에서도 한국 가수나 아이돌을 쉽게 볼 수 있었다. 한국이라는 나라가 일본인에게 '멀고 이상한 나라'가 아니라 '가깝고 친근한 나라'로 인식되던 시기였기 때문에, 그 나라 국적을 가지고 있다고 해도 거리감을 느끼는 학생이 적을 거라고 생각했다.

하지만 여기서 언급해야 하는 것은, 스스로 자이니치라고 말하는 것과 한국 사람이라고 인정하는 것은 전혀 다른 문제라는 것이다. 나는 "자이니치입니다."라고 한 뒤 빠짐없이 "하지만 한국어는 못합니다."라는 말을 덧붙였다. 한국 국적이지만 일본에서 태어나 일본 학교만 다녔기 때문에 한국어를 못 하고 한국 문화에 대해서도 전혀 모른다는 설명을 덧붙일 때도 있었다. 그렇게 구구절절 설명했던 이유는 일본인들이 자이니치에 대해 얼마나 알고 있는지 알 수 없었기 때문이다.

실제로 1945년 이전 일본으로 건너온 자이니치와 그 후손들 중 한국어를 할 수 있는 사람은 많지 않다. 한반도에서 태어나 자란 자이니치 1세마저 식민 통치의 영향으로 일본어가 모어인 경우도 있다. 2세, 3세 이후는 민족학교를 다니거나 부모가 집에서 한국어를 쓰지 않는 이상 한국어를 접할 기회가 없다. 하지만 자이니치의 역사를 모르는 일본인들은 TV에 나오는 한류 가수들과 자이니치를 동일시할 수도 있다고 생각했다. 나 스스로도 일본 학교를 다니면서 한반도 식민 지배와 자이니치의 역사에 대해 교과서에서 전혀 배우지 않았기 때문에, 일본인들이 자이니치라는 존재에 대해 무지하리라고 쉽게 짐작할 수 있었다.

자이니치라고 밝히고도 일본인 친구들은

생겼다. 같이 수업을 듣고 동아리 활동을 하고, 학교 밖에서도 함께 시간을 보냈다. 모두가 내가 자이니치임을 알고 있다는 사실이 주는 편안함. 하지만 그 속에는 작은 위화감이 상주했다. 아무도 자이니치라는 존재에 대해 자세히 물어보지 않는다는 점이었다.

자이니치는 일본에 30만 명도 안 되는 소수민족이고, 자이니치 중에서는 내 사촌처럼 일본식 성을 쓰며 사는 사람도 많다. 대놓고 한국식 성을 쓰는 나 같은 자이니치를 일본 친구들은 만나지 못했을 것이다. 그런데도 친구들은 마치 자이니치의 역사에 대해 이미 다 알고, 더 이상 궁금하지 않다는 듯 나를 대했다.

같은 동아리에 있던 한국인 유학생들에게는 한국 문화나 일본에 유학 온 계기 등을 꼬치꼬치 물어보고 있었으니 더욱 이상했다. 어린 시절, 아직 내가 스스로 자이니치라고 말을 못 했던 시기에 “너는 어느 나라 사람이야?”라는 질문을 집요하게 받았던 기억이 났다. 그때 나에게 징글징글하게 물었던 아이들이 대학생이 되어 내 눈앞에서 침묵하고 있다.

이들이 입을 다물게 된 이유는 무엇일까. 인종이 달라도 평등하게 대해야 한다는 윤리 교육 때문일까. 자이니치 차별을 소재로 한 뉴스나 영화, 소설 때문일까. 인터넷상에 만연한 자이니치에 대한 혐오 발언 때문일까. 그렇다면 친구들에게 내 정체는 건드리면 안 되는 뜨거운 감자 같은 걸까.

어느 날 서로 호감을 갖고 있던 일본인 남자에게 자이니치와 친하게 지내도 괜찮으냐고 물어봤다. 내 또래 일본인 친구들은 나와 아무렇지 않게 지냈지만 부모 세대 중에는 자이니치에 대해 차별적인 시선을 가진 사람도 적지 않았다.

가네시로 가즈키가 쓴 소설 『GO』에는 자이니치 소년과 일본인 소녀가 연애를 시작하는 이야기가 담겨 있다. 주인공이 자신이 자이니치라고 고백하자 소녀는 "아버지가 자이니치들은 피가 더럽다고 말했다."라고 답한다.[3] "한국 사람은 피가 더럽다." 이는 일본에서 자이니치를 매도할 때 상투적으로 쓰이는 표현이다.

내 옆에 있는 남자는 내가 자이니치임을 처음부터 알고 있었지만, 그의 부모는 자이니치라는 이유로 나와의 교제를 반대할 수 있었다. 그때 상처받고 싶지 않았기 때문에 미리 그에게 물었던 것이다.

"네가 자이니치라는 게 뭐가 문제야? 너는 너지." 그는 그렇게 즉답했다.

자신만만한 표정이었다. 물론 듣고 싶었던 말이었다. 한 민족의 일원으로서가 아니라 개인으로 나를 대해 주기를 바랐으니까.

하지만 자신만만한 표정을 보는 나는 기쁘지 않았다. 나를 오랫동안 고민하게 만든 자이니치라는 정체성에 대해 상관없다라는 말로 덮어 두는 태도가 이기적으로 느껴졌다. 자신이

---

3   가네시로 가즈키, 김난주 옮김, 『GO』(북폴리오, 2006).

한국 사람으로 당당하게 살기 위해 나에게 한국식 성을 지어 준 어머니도, 한국 사람인 것은 상관없고 너는 너라고 말한 남자도 나에게는 같아 보였다. 모두 자기가 생각하고 싶은 대로 나를 규정하는데, 거기에는 내 정체성을 자신이 원하는 방향으로 교정하고자 하는 내심이 담겨 있는 게 아닐까.

마음을 열 수 있는 친구는 대학에도 없는 걸까. 허심탄회하게 고민을 털어놓으면 공감해 주는 친구, 나와 같은 경험을 가진 친구. 그런 생각을 하며 대학 생활을 보내던 중 한 수업을 듣게 되었다. '재일코리안을 배운다(在日コリアンを学ぶ)'라는 이름의 수업. 관련 전공이 아닌 학생들도 들을 수 있는 교양 수업이었다.

적어도 이 수업에는 자이니치에 대해 알고자 하는 학생이 있겠지. 어쩌면 나 같은 자이니치를 만날 수 있을지도 몰라. 그런데 수업을 듣는 학생 중에 차별주의자가 있으면, 공격당하면 어떡하지. 나는 기대와 불안을 함께 안고 수업을 신청했다.

수업 첫날, 열다섯 명 정도가 모였다. 딱 봐도 한국인 유학생처럼 보이는 사람, 얼굴에 호기심이 가득한 남자, 말 걸지 말라는 듯한 표정의 까다로워 보이는 여자. 아마 나는 불안한 얼굴로 보였을 것이다.

수업을 담당하는 교수는 사회학과에서 인권 연구를 하는 노교수였다. 수업이 시작되자마자 교수는 이렇게 말했다.

"이 수업에는 강의계획서가 없습니다. 여러분이 직접 계획을 세워서 진행하세요."

어느 해의 수업은 한 학기 내내 자이니치 관련 영화를 보다가 끝났고, 어떤 해에는 조선학교에 견학을 갔다고 했다. 어떤 방식이든 교수는 수업의 방향을 유도하지 않는다고 했다. 학생들이 스스로 계획을 세워 수업을 진행하고, 학기를 어떻게 보내든 상관하지 않겠다는 것이었다.

지금 생각하면 책임을 다하지 않는 악질 교

수 같지만, 자유에 대한 갈망이 넘쳤던 학생들에게 이보다 좋은 수업도 없었다. 우리는 첫 수업 시간에 한 학기 과정을 어떻게 꾸릴지 의논했다. 초반에는 자이니치 역사를 각자 조사해 발표하고 관련 영화를 보기로 했다. 근처 조선학교에 견학 가는 날도 정했다.

그날 열다섯 명의 학생이 자기소개를 했다. 호기심 많은 남자를 포함해 학생 중 절반은 일본인이었고, 한국인 유학생은 두세 명 정도였다. 자이니치 학생은 나를 포함해 세 명이었다. 까다로워 보였던 여자 한 명, 그리고 중학교까지 조선학교를 다녔다는 남자 한 명.

학생들과 특별히 친하게 지내지는 않았지만 그 수업은 나에게 일종의 안식처가 되었다. 자이니치에 대해 알고자 모인 일본인들의 이야기를 듣는 것도 흥미로웠다. 어릴 적부터 친하게 지내던 친구가 자이니치라는 걸 알게 되어 궁금해졌다는 사람, 한국 문화를 접하며 자이니치에 관심이 생겼다는 사람, 일본에서 유학하며 처음으로 자이니치 친구를 사귀면서 그들에 대해서 더 알고 싶어졌다는 한국인 유학생까지. 적어도 자이니치라도 상관없다며 외면하는 이는 없었다.

그래서 나도 그 수업에서만큼은 적극적으로 발언할 수 있었다. 자이니치 당사자인 연구자들의 글을 접하면서 나의 개인적인 경험이 학문적인 가치가 될 수도 있다는 것도 그 수업을 통해 처음 알았다. 그리고 두 명의 자이니치 학생이 나와 전혀 다른 경험을 가지고 살아왔다는 것도 알게 되었다.

조선학교 출신의 남학생은 고등학교까지 조선학교를 다니려 했으나, 2000년대 초반 북한 정부의 일본인 납치 사건이 세상에 드러나면서 북한을 지지하는 조선학교를 더 이상 다닐 수 없게 되었다고 했다. 하지만 중학교까지는 조선학교를 다녔기 때문에 한국어가 유창했고 수업을 듣는 한국인 유학생들과도 자연스럽게 한국어로 대화했다.

또 다른 자이니치 여학생은 나처럼 일본 학교에 다녔지만, 교토에 있는 자이니치 집단 거주지에서 태어나 자랐기 때문에 어릴 적부터 자신이 한민족이라는 걸 의심하지 않았다고 말했다. 그는 야수다라는 일본식 성을 쓰고 있었다.

수업 이름은 '재일 코리안을 배운다'였지만, 실제로는 자이니치의 역사나 사회 문제를 지식으로 배우기보다는 그 자리에 모인 학생들이 각자 생각하는 자이니치라는 존재에 대해 의견을 나누는 시간이 대부분이었다. 마지막 수업까지 열띤 토론이 이어졌다. 그날 함께 본 영화는 최양일 감독의 「피와 뼈(血と骨)」였다.

"피는 어머니로부터 받고, 뼈는 아버지로부터 받는다."

제주도 무속 굿에서 나온 구절을 표제로 삼은 이 영화는 자이니치 1세 남성의 파란만장한 삶을 통해 가족과 시대의 비극을 그린 작품이다. 무대는 오사카의 자이니치 집단 거주지. 영화는 그 남성이 손자를 데리고 북한으로 간 뒤 가난 속에서 생을 마감하는 장면으로 끝난다. 주인공은 나에게 어머니가 늘 가부장적이고 폭력적이었다고 비난했던 어머니의 아버지, 그러니까 내 외할아버지를 상기시켰다. 그리고 한국 국적을 고집하던 어머니의 모습이 영화 속 인물들과 겹쳐 보였다.

영화 상영 후의 토론은 학기 중 가장 뜨거웠다. 주제는 피냐, 땅이냐였다. 일본어로 '피'는 血(ち), '땅'은 地(ち) 으로 한자는 다르지만 발음은 같다.

"血か、地か."

일본인 학생들은 대부분 땅을 주장했다.

"자이니치는 뿌리는 한반도에 있지만 일본에서 자라 모어도 일본어다. 살아온 땅, 일본이 더 중요하다."

반면 한국인 유학생들은 피를 주장했다.

"자이니치가 국적을 유지한 건 이전 세대와의 연대, 민족의식 때문이다. 민족의식은 피의 중요성을 인정하지 않으면 가질 수 없다.”

답이 없는 토론은 점점 산으로 갔고, 일본인 학생과 한국인 유학생이 말다툼을 하기 시작했다. 그 사이에서 나는 아무 말도 꺼낼 수 없었다. 나뿐만 아니라 두 명의 자이니치 학생 역시 침묵했다. 피냐, 땅이냐. 마치 오늘 먹을 메뉴를 고르라는 듯 강요받는 기분이 들었다. 그러나 자이니치에게 피와 땅은 이분법적으로 나뉘어 존재하는 것이 아니며, 객관적으로 바라보거나 주도적으로 선택할 수 있는 대상도 아니다. 그때 당당하게 그 말을 할 수 있었더라면 얼마나 좋았을까. 하지만 당시 나는 무엇이 두려웠는지, 끝내 아무 말도 하지 못했다.

마지막 수업을 마치고 야수다와 밥을 먹었다. 처음 만났을 때는 까다로워 보였지만, 한 학기를 함께 보내며 그의 솔직하고 꾸밈없는 성격이 점차 마음에 들었다. 야수다는 단골 가게라는 한국 음식점으로 나를 데려가 한국인 직원과 간단한 한국어로 대화한 뒤 찌개와 파전을 시켰다. 학교 근처에 한국 가정식 식당이 있다는 건 알았지만 들어가 본 건 처음이었고, 야수다가 한국어를 조금 한다는 것도 그날 처음 알았다.

나는 야수다에게 귀화하고 싶었던 과거, 긴(金)이라는 한국식 성을 쓰며 살고 싶지 않은 마음, 정체성에 대한 고민에서 아직도 자유롭지 못하다는 속내를 털어놓았다. 야수다는 한참 내 이야기를 듣더니 이렇게 말했다.

"그래도 나는 자이니치로 태어나서 좋았어."

이유를 묻자, 야수다는 말했다.

"우리는 내가 누구인지에 대해 늘 생각하잖아. 그런데 보통 일본 사람들은 그런 생각을 전혀 안 하고 살아. 우리는 스스로 생각할 기회를 받은 거야. 좋은 거 아니야?"

새로운 시선이었다. 그동안 나는 내 과거와 정체성을 부정적으로만 생각해 왔다. 그런데 이런 고민들이 의미 있다고, 당당히 고민해도 된다고 누군가가 등을 떠밀어 준 기분이었다. 야수다와의 만남은 그날이 마지막이었지만, 그 말은 내가 자이니치라는 존재와 내 정체성을 진지하게 마주하는 계기가 되었다.

　그다음 학기부터 나는 발등에 불이 떨어진 듯 한국어 공부를 시작했다. 제2 외국어로 한국어가 아니라 러시아어를 선택했기에 전공 내 한국어 통합 수업을 들을 수는 없었지만, 모든 학과 학생에게 열려 있는 한국어 수업들을 가능한 한 많이 들으려 했다.

　한국어 수업을 들으면서 한국의 역사, 정치, 문학, 사회 문제 등에 대한 수업을 하나씩 들었다. 마치 그동안의 공백을 메우듯이. 자이니치로서 고민하고 이야기하면서 한국에 대해 아무것도 모르고 한국어도 못한다는 사실이 나에게는 수치심을 불러일으켰다. 늘 자격 없이 말한다고 느꼈다. 하지만 자이니치로서 말하기 위해서는 한국어를 배워야 한다는 대의명분 뒤에는 한국어도 못하면서 한국 국적을 고집한 어머니에 대한 반감과 멸시가 깔려 있었다.

오사카의 자이니치

대학교 3학년이 된 나는 인류학을 전공으로 선택하고 졸업 논문 연구 주제를 자이니치로 정했다. 연구서를 통해서만 자이니치를 접하는 것이 아니라 나와 다른 지역, 다른 가정에서 자란 자이니치들의 삶을 직접 알아 보고 싶었다. 나는 일본에서 자이니치가 제일 많이 사는 것으로 알려진 지역으로 향했다.

오사카 이쿠노구 인구는 2025년 기준 약 12만 8000명, 그중 2만여 명이 한국 국적·조선적을 가진 자이니치다. 자이니치 거주지의 중심이 되는 쓰루하시(鶴橋)역을 나오자마자 한국 반찬 가게가 줄지어 있었다. 내가 사는 도쿄에서는 볼 수 없는 풍경이었다. 골목으로 들어가 집 앞의 문패들을 구경했다. 金, 山本, 玄, 高, 朴, 高田…… 일본식 성씨 사이로 한국식 성씨가 자연스럽게 섞여 있었고, 사람들은 그 앞을 아무렇지 않게 지나가고 있었다. 자이니치의 존재가 주민들의 일상에 자연스럽게 스며든 느낌에 마음이 들떴다.

오사카에 아는 자이니치가 한 명도 없고 어떤 단체가 있는지도 잘 몰랐던 나는 무작정 자이니치 단체인 재일본대한민국민단[4] 이쿠노 지부에 연락했다. 자이니치 당사자로서 자이니치 연구를 하고 싶은데 코리아타운을 안내해 줄 수 있느냐는 갑작스러운 부탁에 처음에는 의심스러운 반응을 받았다. 오사카에 도착한 날, 지부장이 정한 만남 장소는 민단 지부 건물이 아니라 담배 냄새 가득한 쓰루하시역 근처의 오래된 다방이었다. 다방에서 직접 만난 뒤 경계심을 거둔 지부장은 나를 오사카 곳곳의 자이니치 집단 거주지로 안내해 주었다. 민단 건물 근처에 있는 대규모 코리아타운, 가죽 산업 종사자가 많은 니시나리(西成) 지역부터 빈곤 속에서 고철을 주워

---

4 대한민국 정부가 공인한 자이니치 단체로, '민단'이라는 약칭을 가지고 있다. 재외동포로서 대한민국 국익을 위한 활동과 일본 거주 자이니치의 권익을 위한 활동을 하고 있다.

생계를 유지해 온 사람들의 집단 거주지까지.

그곳에는 한국식 이름과 문화를 자연스럽게 드러내며 살아가는 자이니치들이 있었다. 오사카와 교토의 초·중학교에는 한국 국적 학생을 대상으로 민족학급(民族学級)이라고 불리는 방과 후 수업이 운영된다는 사실도 그날 처음 알았다. 민족학급에서는 자이니치 학생에게 한국의 역사·문화·언어 등을 가르친다. 자이니치 인구가 많을 뿐 아니라 그들을 지원하는 제도와 환경까지 마련되어 있었다. 만약 내가 이 지역에서 태어나 자이니치 친구들이 있는 환경에서 자랐다면, 민족학급에서 한국 문화를 어릴 때부터 접했더라면 정체성에 대해 고민하면서 이처럼 고통받지는 않았겠다는 생각도 들었다. 이런 생각은 오사카에서 알게 된 자이니치 지인들이 내 이름을 부를 때 더욱 커졌다.

“リヒャンさん.”

리향 씨. 그들은 나를 리향이라고 불렀다.

처음 자기소개를 할 때 나는 긴리카라고 소개했지만, 마을 리(里), 향기 향(香)이라는 한자를 알게 되자 '리향'이라고 부르기 시작한 것이다. '이향'이 아니라 리향이라고 부른 이유는 단어 첫머리의 리을을 이응으로 바꾸어 발음하는 한국 표준어 규정이 자이니치 사회에 충분히 전달되지 않았던 점도 있지만, 일본에서는 '이'로 시작하는 이름이 흔하지 않아 발음하기 어렵기 때문에 r(ㄹ)을 붙여 리향이라고 부르는 습관도 한몫했을 것이다. 그런데 처음 리향이라는 호칭을 들었을 때, 나는 그것이 나를 부르는 말인지조차 알아차리지 못했다. 누군가가 내 이름을 한국식으로 부른다는 사실 자체가 어색했다.

오사카에서 알게 된 자이니치들은 자기 이름도 한국식으로 불렀다. 승박, 유미자, 성일……. 한국식 발음을 사용하는 데에 조금의 망설임도 없었다. 마치 리향이라는 '진짜 이름'을 굳이 리카라고 발음하는 내가 이상한 사람인 것처럼. 물론 오사카에 사는 자이니치 모두가 한국식으로 이름을 부르는 것은 아니다. 나를 안내해 준 사람이 민단 지부장이고 그가 속한 공동체에서 만난 자이니치들이었기에 그 경향이 더 강했을 것이다.

자이니치끼리 이야기할 때 자주 등장하는 용어 중에 '본명(本名)'이 있다. 말 그대로 '진짜 이름'이라는 뜻이다. 이때 본명은 일반적으로 한국식 이름을 가리키며, 이에 대응하는 일본식 이름은 '통명(通名)'이라고 불린다. 오사카에서 만난 자이니치들 가운데에는 1980년대 학창 시절에 '본명선언(本名宣言)'을 했다는 사람도 있었다. 그는 중학교 졸업식 직전까지 일본식 이름으로 학교를 다녔지만, 담임 교사의 권유로 졸업 증명서에 한국식 이름을 새기기로 했고, 그날 전교생 앞에서 처음으로 본명(한국 이름)으로 불렸다고 했다. 그때부터 지금까지 한국식 이름을 사용하고 있다는 이야기였다.

본명선언은 1970~1980년대 오사카를 중심으로 자이니치 밀집 지역에 있는 학교에서 활

발히 이루어진 운동이다. 일본식 이름으로 학교를 다니던 자이니치 학생이 전교생 앞에서 "내 진짜 이름은 김○○입니다."라고 밝히는 일종의 통과의례다. 학생 스스로 선언하는 경우가 대부분이었지만, 교사가 자이니치 학생을 먼저 본명으로 부르는 방식의 본명선언도 있었다.

식민지 통치가 끝난 이후에도 1970년 이전까지 일본의 교사들은 자이니치 학생들에게 일본인으로의 동화(同化)를 강요해 왔다. 교과서에서는 여전히 한반도를 '미개한' 나라로 묘사하며 자이니치 학생이 한국 이름을 자칭하는 것 자체를 두렵게 만들었다. 한국식 이름으로 살아간다는 것은 불이익을 당할 가능성을 넘어 현실적인 위험으로 이어지기도 했다.

본명선언은 이러한 동화 교육에 비판적인 일부 일본 교사들에 의해 시작되었다. 교사들은 자이니치 학생들에게 본명을 밝히도록 권했을 뿐 아니라 한반도 식민 지배에 대한 역사 교육을 통해 일본 학생들의 인식도 바꾸고자 했다.

본명선언은 단순히 한국 이름을 드러내는 행위를 넘어서 자이니치가 일본 사회에서 당당하게 살아가기 위한 결심이자 수단이었다.

하지만 긍정적인 취지를 이해하고도 나에게 본명선언은 일종의 폭력처럼 느껴졌다. 자이니치의 존재를 인정하지 않는 사회에 맞선다는 명목으로 또 다른 누군가 나서서 진짜 이름을 규정하고 일본인 학생들 앞에서 반강제적으로 고백하게 한다니. 이는 인권 침해에 반대하기 위한 또 하나의 인권 침해가 아닌가?

내 한국 여권에 적힌 Rihyang은 분명 내 이름이다. 그러나 자라면서 부모, 조부모, 동생, 친구까지 누구도 나를 리향이라 부른 적이 없다. 모두가 나를 리카라고 불렀고, 나 역시 스스로를 리카라 여겼다. 내 감정이 깃든 이름은 리향이 아니라 리카였다.

나는 리향이 아니라 리카가 내 이름이라고 선언하고 싶었다. 하지만 본명선언에 대한 역사를 알아가면서 강하게 느낀 반감이 주변 자이니치에게는 위험하게 여겨질 수 있겠다는 생각이 들었다. 자이니치의 일본식 이름이 식민지 시절 창씨개명에서 비롯된 만큼, 리향이라는 이름을 본명으로 느끼지 못한다는 말은 일본 식민 통치를 내면화한 것처럼 보일 수 있었다. 리카라는 이름에 더 애착을 느낀다는 내 말이 민족에 대한 배신으로 이해될 수 있고, 식민 통치와 차별을 경험한 어떤 이들에게는 당시의 고통을 재생산하는 것처럼 느껴졌을 수도 있다.

오사카에서 도쿄로 돌아오는 열차 안에서 나는 자이니치의 얼굴에 대해 생각했다. 오사카에서 만난 자이니치는 또렷한 윤곽을 지니고 있었다. 자기 자신과 불화하지 않는 이름과 문화로 무장한 그들의 얼굴은 선명했다. 한국식 이름을 문패에 걸어 두는 것도, 한국식 음식을 먹는 것도, 서로를 한국식 이름으로 부르는 것도 그들에게는 너무나 자연스러운 일상이었다. 어떤 면에서는 그 점이 부러웠다. 그에 비해 내 얼굴은 기차 창에 비친 모습처럼 희미하고 흐릿하게 느껴졌다.

　　한국과 일본에서 많은 친구들이 영화를 보러 전주영화제를 찾아 주었다. 용산역에서부터 함께 KTX를 타고 와 길을 안내해 준 한국인 언니, 울산에서 전주까지 기차를 갈아타고 찾아온 친구, 비행기를 타고 인천국제공항에서 또 고속버스를 타고 와 준 일본인 친구까지. 그들은 어머니를 만나자 마치 배우를 만난 것처럼 반가워했다. 한국에서 태어나 자란 한국인들을 만날 일이 거의 없는 어머니는 처음에는 긴장했지만, 거리낌 없이 환영해 주는 모습을 보고 안도하는 듯했다.

　　영화를 보지 않는 동안에는 주로 한국인 친구들이 어머니와 나를 전주의 관광지로 데려가 주었다. 콩나물국밥집, 비빔밥집, 국수집 등 맛집은 물론이고 한옥마을이나 이팝나무 철길 같은 관광 명소도 알려 주었다. 그리고 어느 날 한 친구가 어머니를 한복 가게에 데려갔다. 그 친구는 개막식 날 외국인 감독이 한복을 입고 레드카펫을 걷는 모습을 보고 어머니가 부러워했던 일을 기억하고 있었다.

한복 가게 점원은 어머니에게 보라색 계열의 차분한 톤을 추천했지만, 어머니는 젊은 사람이 입을 법한 연한 분홍색 한복을 입어 보고 싶다고 했다. 피팅 룸 안에서 점원이 어머니에게 한복을 입혀 주는 동안 나는 어머니가 점원의 말을 알아듣지 못하면 바로 안으로 들어가 도움을 주려고 기다리고 있었다.

어머니가 한복을 입는 것은 거의 30년 만이었다. 가을빛 아래 비친 어머니의 얼굴은 어딘가 고양되어 있었다. 나도 점원도 친구들도 어울린다고 칭찬했지만, 한복을 입은 어머니는 내내 어색한 표정으로 정말 어울리는 것이 맞는지 재차 물었다. 점원이 다른 한복을 추천하려 했지만 어머니는 그냥 옷을 벗겠다며 다시 피팅 룸 문을 닫았다.

개량 한복이라도 사면 어떻겠냐는 친구의 권유를 어머니는 끝내 거절했다. 호텔로 돌아와 나와 단둘이 있게 되자 어머니는 한복을 입었을 때의 감정을 털어놓았다.

"한복을 입은 순간, 조금 이상했어."

“어떻게 이상했는데?” 내가 물었다.

“한국어도 못하는 내가 입을 자격이 없는 것 같아서.”

“그런 생각은 안 해도 돼.” 나는 순간 그렇게 말했지만, 어머니의 마음을 헤아리자 더 이상 말을 잇기 어려웠다. ‘한국 사람’이라는 갑옷을 평생 걸쳐 온 어머니가 마음속에만 간직했던 진심을 처음으로 내보인 순간이었다. 소중하고도 아픈 고백처럼 느껴졌다. 나는 정당한 근거를 대며 어머니의 말에 곧바로 반박하는 대신 그 아픔을 함께 안고 가고 싶었다.

“한국 사람이네”

무엇이 나를 한국으로 오게 한 걸까. 할아버지와 할머니가 태어난 나라, 어머니가 갈망하는 나라, 아버지의 승진을 막았던 나라, 내가 귀화를 통해 버리려 했던 나라, 내 모든 고민의 근원이 되는 이 땅으로.

처음 한국에 온 것은 네다섯 살 때였다. 가족 여행으로 친할아버지의 고향인 제주도를 찾았다. 그때는 할아버지도 함께였다. 워낙 어릴 때라 기억나는 풍경은 두 가지뿐이다. 하나는 호텔에서 할아버지가 컵에 술을 따르다 술이 넘쳤던 장면, 또 하나는 어느 사찰 툇마루에 앉아 무심히 바라본 비 내리는 풍경이다.

두 번째로 밟은 땅은 부산이었다. 대학교 2학년 여름 방학 때 어학연수로 부산대학교에 갔다. 한국어를 배운 지 얼마 안 돼 한국어를 전혀 구사하지 못하던 때였다. 공항 입국 심사에서 외국인 줄에 설지 내국인 줄에 설지조차 헷갈렸던 때다. 결국 공항 직원에게 영어로 물어보고 내국인 게이트로 안내받았다. 그런데 내 모습을 멀리서 지켜본 일본인 학생들은 내가 직원에게 한국어로 질문한 줄 알고 나를 부러워했다. 곧바로 부정했지만 "그래도 자이니치면 기본적인 한국어는 할 수 있지 않느냐."라는 말이 돌아왔다.

하지만 내가 한국어를 전혀 못한다는 사실은 어학당 첫 수업에서 바로 드러났다. 대부분의 일본인 친구들은 한국어를 이미 잘하는 학생들이 모이는 반에서 배웠고, 나는 초보자들이 모이는 교실에서 가나다라부터 배웠다. 3주라는 짧은 기간이었지만 부산대학교 학생들과의 교류도 있었다. 한국어를 잘하는 친구들은 금방 한국인 학생들과 친해졌지만, 나는 영어로밖에 대화할 수 없었고 그마저도 서툴렀기에 깊은 이야기를 나누기란 쉽지 않았다.

어느 날 한국어를 잘하는 일본인 친구와 부산 시내에서 놀다가 학교로 돌아오는 버스에서 한국인 학생과 대화를 나누게 되었다. 한국어로 거리낌 없이 이야기하는 친구에게 그 학생은 "완전 한국 사람이네요."라고 칭찬했다. 고맙다고 말하는 일본인 친구 옆에서 나는 어떤 표정을 지어야 할지 몰라 어색하게 웃고 있었다. 질투하거나 괴로워하는 마음을 보이고 싶지 않았다.

질투? 한국어를 잘하는 일본인 친구가 "한국 사람이네요."라는 말을 들었다고 해서 내가 질투할 이유는 없다. 하지만 그 순간 내가 느낀 감정은 분명 질투였다. 내가 한국어를 공부한 것은 한국 사람이 되고 싶어서가 아니었다. 어머니처럼 한국어를 모르면서 한국인 행세를 하는 자이니치가 되고 싶지 않았기 때문이었다. 나의 최종 목표는 한국 사람이 되는 것이 아니었다. 아니었을 텐데. 이 질투심의 원인은 무엇일까.

그런데 며칠 후, 뜻밖에 같은 말을 한국인에게 듣게 되었다. 일본인 친구에게서 들었을 때와는 전혀 다른 맥락에서였다. 당일치기로 서울에 가 서대문형무소역사관을 방문한 이야기를 한국인 학생에게 들려주자, 그는 엄지손가락을 치켜세우며 말했다.

"너는 역시 한국 사람이야."

그 학생은 내게 환한 미소를 지었다. 그동안 영어로 이야기할 때는 전혀 볼 수 없었던, 유

달리 반가움과 안도감이 묻어나는 표정이었다. 그 역시 한국 여권을 가지고 있으면서 한국어를 하지 못하는 나에게 어딘가 낯선 느낌을 받아 왔을지 모른다. 그래서 내가 보인 한국인스러운 모습을 더 반가워했을지도 모른다.

사실 내가 서대문형무소역사관에 간 것은 민족의식에 불타서가 아니라, 단지 대학 수업을 통해 알게 된 이 역사관을 직접 보고 싶었기 때문이었다. 하지만 내 행위를 멋대로 해석한 '한국 사람이네'라는 말을 듣고 내가 순간적으로 느낀 감정은 분노가 아니라 기쁨이었다. 한국어를 못한다는 눈에 보이는 현상이 아니라, 나에게 있을지도 모르는 정신적인 무언가를 보고 한국 사람이라고 말해 준 것이 신선하고 고마웠다. 그동안 나는 어머니가 한국 사람답게 살려고 노력하는 모습을 싫어하면서도 마음속으로는 '너는 한국 사람'이라는 인정의 말을 갈망하고 있었던 것일까. 그리고 그 말을 들려줄 사람은 자이니치도 일본인도 아니라, 한국에서 태어나 자란 한국인이어야 했던 게 아닐까.

엄마, 나는 오늘 인정받았어. 한국 사람이라고.

엄마보다 먼저. 그 생각이 떠오르자, 나는 '한국 사람이네'라는 말이 어머니에 대한 일종의 앙갚음처럼 작동하고 있다는 사실을 깨달았다. 그 말 한마디를 통해 보상받고 싶었던 것이다. 그래서 며칠 전에는 질투를 느꼈고 지금은 쾌감을 느낀다. 그 계기가 무엇이든 크게 중요하지 않다. 나를 민족의식이 강한 사람이라고 오해하든 항일 정신이 있다고 잘못 읽어 내든 상관없다. 한국 사람이 자이니치를 '한국 사람이네'라는 말로 손쉽게 품는 만큼 또 쉽게 배제할 수 있다는 모순을, 어학연수 2주 차밖에 안 된 당시 나는 전혀 눈치채지 못했다.

재일 동포. 한국에서 자이니치를 가리키는 말이다.

처음 이 단어에 위화감을 느낀 것은 일본의

한국어 교실에서였다. 부산대학교 어학당에서 공부한 뒤 한국어 공부 열정이 최고조에 달했던 나는, 일본에 돌아와서 학교 한국어 수업에 더해 다른 대학의 야간 한국어 수업도 듣기 시작했다. 그 수업에는 학생뿐 아니라 회사원과 주부도 있었고, 그중에 50대 자이니치 주부가 있었다.

첫 수업 시간, 모두가 한국어로 자기소개를 하던 중이었다. 그 주부가 "저는 동포예요."라고 말하자, 한국인 강사는 얼굴을 찌푸리며 곧바로 "동포는 아니죠!"라고 정정했다.

강사의 설명은 이랬다. 동포라는 말은 한국인을 향해 쓰는 말이니, 일본인만 있는 교실에서 동포라고 하면 일본인의 동포로 오해받을 수 있으므로 쓰지 말라는 것이었다. 자기소개를 하자마자 지적받은 주부는 민망한 기색으로 "재일 코리안이에요."라고 다시 말했다.

나는 강사의 태도가 낯설었다. 그렇게까지 날을 세워 바로잡아야 할 문제였을까? 자이니치를 한국어로 재일 동포라고도 하고, 때로는 동포라 줄여 부르기도 한다. 그 주부 역시 단순히 자이니치를 뜻하는 말로 사용했을 뿐이다. 물론 동포는 같은 나라 또는 같은 민족 사람을 다정하게 이르는 말이니, 자이니치가 일본인을 향해 동포라고 말한다면 그 의미는 엄밀히 따져 틀렸을지도 모른다. 하지만 호칭이라는 것은 원래 어느 정도의 융통성을 안고 있는 것 아닌가?

무엇보다 재일 동포라는 말을 한국인에게 쓰면 아무 문제도 생기지 않을 만큼 한국 사회는 과연 자이니치를 동포로 인식하고 있는가? 나는 부산대학교에서 일본어밖에 못하던 나와 미묘하게 거리를 두던 한국 학생들의 태도를 보며, 자이니치가 한국에서 동포라는 이유만으로 환영받지 않는다는 사실을 이미 알고 있었다.

대학교 4학년에 나는 교환학생으로 한국에

가기로 결심했다. 한국어를 더 잘하고 싶기도
했고, 무엇보다 한국에 다시 가 보고 싶었다. 처
음 부산에 도착했을 때 비행기 창밖으로 보이
던 하얀 아파트들, 착륙해 공항 안을 걸어가며
맡았던 낯선 냄새. 그 모든 것이 이상하게 그리
웠다.

한국 사회 안으로 들어가고 싶었다. 더더욱
안으로. 그것만이 어머니를, 그리고 오사카에서
만난 자이니치를 '이기는' 방법이라고 생각한
것이다. 자이니치라고 말할 자격이 나에게 더
충분하다고 우기고 싶었던 걸까. 당시 나는 한
국에 가는 행위를 통해 자이니치 사회에서 탈출
하고자 했다.

교환학생으로 한국에 가기 전 소설을 한 편
읽었다. 자이니치 2세 작가 이양지가 쓴 『유희』
다. 『유희』는 1988년 일본의 권위 있는 문학상
인 아쿠타가와상을 수상한 작품이다. 일본에서
의 삶을 주된 소재로 삼아 온 기존 자이니치 문
학의 흐름 속에서, 이양지 작가는 스스로 한국

에 거주하며 한국에서 살아가는 자이니치들이 느끼는 정체성의 갈등을 정밀하게 그려 냈다.

소설의 제목 '유희'는 1980년대 한국에 유학 온 자이니치 학생인 주인공의 이름이다. 그러나 이 작품에서 유희의 감정은 직접적으로 서술되지 않는다. 소설의 화자인 '나'는 유희가 머물렀던 하숙집에 사는 30대 한국인 여성으로, 독자는 '나'의 시선과 하숙집을 운영하는 이모의 시선을 통해서만 유희라는 인물을 마주하게 된다.

소설은 유희가 하숙집을 떠난 뒤 비어 있는 유희의 방에서 '나'가 멍하니 유희와의 기억을 회고하는 장면에서 시작된다. 유희는 '나'가 처음으로 만난 자이니치였고, '나'는 그에게 친근감을 느껴 동생처럼 따뜻하게 대한다. "나는 유희에게 같은 피, 같은 민족으로서 자신이 있을 곳을 찾고자 하는 마음을 절실히 느꼈다. 유희를 여동생처럼 받아들이려 했던 나는 동시에 한국인이 되기 위해 발버둥치는 유희를 가냘프고

차마 내버려둘 수 없는 존재로 느끼고 있었다."[5]

그러나 '나'는 유희의 모습을 있는 그대로 받아들이지 못한다. 유희가 일본어 책만 읽고 한국어 실력이 좀처럼 늘지 않자 답답해 하고, 한국에 대해 부정적인 말을 할 때는 분노를 느낀다. 또한 유희가 자이니치 전형[6]으로 한국의 명문 대학에 입학했다는 사실에는 부당함마저 느낀다. 조국을 알고자 한국에 왔으면서 시간이 지날수록 일본어에 대한 집착을 더 강하게 드러내는 유희에게 '나'는 점점 거리감을 느끼고 때

---

5   李良枝, 『由熙 ナビ・タリョン』(講談社文芸文庫, 1997), p. 248.
6   자이니치의 한국 유학이 본격적으로 시작된 것은 1965년 한일기본조약 체결 이후, 자이니치의 모국 방문과 체류가 제도적으로 가능해지면서부터다. 1968년 서울대학교에 부설된 재외국민교육연구소는 자이니치 학생을 대상으로 대학입학 예비교육과정을 설치해, 일정 기간 국어·국사·영어 등 기초 학업 능력을 보완한 뒤 국내 대학에 진학하도록 했다. 1978년에는 자이니치를 포함해 해외에서 일정 기간 수학한 대한민국 국적 학생들을 위한 대학 입학 특별전형으로 이른바 '재외국민특별전형'이 신설되었다. 오늘날 해외에서 초·중·고 교육을 모두 이수한 재외국민에게 이 전형은 사실상 외국인 특별전형에 가까운 성격을 띤다.

로는 유희를 탓한다.

유희는 결국 대학을 졸업하지 못한 채 한국을 떠난다. 일본어가 모어이며 한국어는 모국어였던 유희는, 한국에서도 언어·민족·국가의 경계를 명확하게 설정하지 못한다. 소설에는 '언어의 지팡이'라는 표현이 등장한다. 언어가 버팀목이자 자기표현의 수단이 된다는 의미다. 한국에서 "언어의 지팡이를 잡을 수 있는지 늘 시험대에 오른 기분"[7]이라고 고백한 유희는 결국 한국어와 일본어 사이에서 자신이 설 자리를 찾지 못한다. 화자인 '나'에게 남은 것은 한국이라는 민족적 뿌리를 공유하면서도 유희를 끝내 이해하지 못했다는 허무함이다.

『유희』를 처음 읽었을 때, 나는 유희를 바라보는 '나'와 이모의 시선을 차마 직시할 수 없었다. '나'가 유희의 서툰 한국어를 비판할 때, 이모가 유희의 정치적 사상을 의심할 때, 그리

---

7   李良枝,『由熙 ナビ·タリョン』, p. 297.

고 자이니치 유학생이 공부하지 않고 한국에서 놀기만 한다고 단정할 때마다, 나는 마치 내가 유희가 되어 한국인들 앞에서 공격당하는 기분이 들었다.

실제로 소설 속 유희는 나와 많이 닮아 있었다. 나도 유희처럼 대학 입학 전까지 한국어를 전혀 못했다. 어린 시절 자이니치임을 드러내지 못했지만 그렇다고 일본에서 직접적인 차별을 겪지는 않았다. 처음 만나는 한국인 앞에서는 몸이 굳어 버렸다. 소설의 배경은 1980년대 한국이지만, 한국어를 자신의 언어로 만들기 위해 애쓰는 유희의 모습에서 나는 앞으로 교환학생으로 한국에 살게 될 내 미래를 겹쳐 보았다.

하지만 동시에 나는 유희만큼 깊이 고민하지는 않을 거라는 다소 낙관적인 예상도 있었다. 나와 유희 사이의 가장 큰 차이는 한국을 바라보는 시각에 있다. 유희는 한국어를 '우리말'이라고 부른다. 유희에게 한국어는 애초부터 자신의 언어라는 전제가 깔려 있고, 그 언어를 제대로 구사하지 못하는 순간마다 정체성의 갈등을 겪는다.

유희와 달리 나는 살면서 한국어를 우리말이라고 생각해 본 적이 없었다. 나에게 한국어는 언제나 일정한 거리를 둔 제2의 언어였다. 물론 한국어 실력을 키우는 일은 유학의 중요한 목적 중 하나였지만, 한국에서 살아가기 위해서는 한국어를 나의 언어로 여기지 않아야 한다고 생각했다. 선을 그어 둘 필요가 있었다. 그 판단은 내가 한국에서 상처받지 않기 위한 자기방어에 가까웠을지도 모른다.

잠시 다녀온 부산 유학과 달리, 1년간의 교환학생 생활에는 더 많은 준비가 필요했다. 모든 준비를 나 혼자 해야 했다. 학기는 3월에 시작했지만 그 전해 12월부터 대학교 게시판을 뒤져 하숙집을 알아보고, 2월엔 한국에 건너와 생활에 필요한 물건을 마련했다.

기숙사가 아닌 하숙집을 선택한 것은 『유

희』의 영향이었다. 소설 속 '나'와 유희 사이에
는 갈등도 있었지만 하숙집에서 서로 얽히고 부
딪히는 모습이 따뜻해 보였다. 나 역시 그런 만
남을 꿈꾸었다. 하숙집에서 한국인들과 함께 살
면서 친밀하게 지낼 수 있을 거라고 생각했다.
내가 유학 간 2010년대 하숙집은 사실상 독실
원룸에 가깝고, 주인과 얼굴을 마주치는 일조차
거의 없다는 사실은 실제 살아 보고 나서야 알
았다.

　어학당처럼 한국어 수업만 듣는 학생들과
달리 교환학생은 한국 대학에서 한국 학생들과
같은 강의를 들어야 했다. 하지만 교수님의 말
을 충분히 알아듣지 못할까 봐 결국 첫 번째 학
기에는 전공인 인류학 수업이 아닌 일본 관련
과목을 주로 수강했다. 그래야 그나마 내용이
귀에 들어왔고, 과제를 할 때도 일본인이 쓴 책
을 원문으로 읽을 수 있었기 때문이다. 한국까
지 와서 일본 수업을 듣고 일본어 책을 읽는 것
은 본말전도 같고 등록금도 아까웠지만 어쩔 수

없었다.

그러면서도 내 머릿속에는 유희의 모습이 계속 맴돌고 있었다. 이양지 작가는 "내 안에 있는 유희를 묻어 버리고 싶어서" 소설을 썼다고 밝혔다.[8] 나 역시 자이니치 유학생으로서 내 행동 하나하나를 유희와 비교하지 않을 수 없었다. 일본어로 먼저 글을 쓰고 한국어로 번역해 제출하는 일을 거듭하면서 유희가 되어서는 안 된다는 강박은 내 안에서 점점 더 견고해져 갔다.

유희가 되지 않기. 그것이 나의 목표였다. 한국인들만 있는 합창 동아리에 들어가 한국 노래를 부르고, 주말이면 도서관에 앉아 하루 종일 한국어 공부와 수업 준비에 몰두했다. 속도는 느렸지만 결국 두 번째 학기에는 사회학·인류학 등 내가 원래 관심 있는 교양 수업을 한국인 학생들과 함께 들을 만큼 한국어 실력이 늘었다. 그러나 유희를 반면교사 삼아 달리던 내

8   朝日新聞,「ハングルか、ひらがなか 日韓のはざまでの「迷い」描いた作家の思い」, 2023. 2. 22.

마음 한편에는 늘 질문이 남아 있었다. 유희는 왜 떠났을까. 자이니치는 왜 한국을 떠날까.

대학 졸업 직전에 한국을 떠난 유희처럼, 내 주변에도 한국 유학 생활을 중간에 포기하고 돌아간 자이니치 친구들이 여럿 있다. 한국을 떠난 친구 중 한 명은 이렇게 말했다. 한국을 자기 나라라고 믿고 살아왔지만 막상 그곳에서도 자신은 여전히 이방인이었고, 조국에서 이방인으로 살아가느니 차라리 명백히 외국인으로 규정될 수 있는 일본에서 사는 편이 오히려 마음 편하다고.

이방인. 한자로 쓰면 異邦人이다. 일본에서 邦人은 일본인을 뜻하기 때문에 일본에서 이 단어는 곧 '일본인이 아님'을 의미하는 명료한 언어다. 하지만 자이니치에게는 한국 또한 자기 나라라고 부르기 어려운 곳이었다.

내가 교환학생으로 체류하던 2013년에 자이니치는 주민등록증을 발급받을 수 없었다. 외국인등록증도 만들 수 없었다. 한국 국적인 자이니치가 90일 이상 한국에 체류할 수 있는 근거가 되는 유일한 문서는 국내거소신고증이었다. 말 그대로 거주 사실을 신고한 증명서지만, 그 번호로는 은행 계좌 개설도, 휴대폰 개통도 불가능했다. 어떤 사이트에 회원 가입을 시도할 때면 내국인/외국인 중 무엇을 선택해야 할지 알 수 없어 늘 손이 멈췄다.

한국에 머무는 자이니치로서 나는 계속해서 크고 작은 어려움에 맞닥뜨렸다. 자이니치를 위한 제도적 장치가 없었을 뿐더러 자이니치라는 존재에 대한 인식 자체가 부재했다. 한국인 친구들은 내가 일본 국적을 갖고 있으리라 생각하거나 한국·일본 이중 국적이라고 오해하기도 한다. 그럴 때마다 일본은 이중 국적을 허용하지 않아 국적을 선택해야 한다는 점, 그리고 나는 부모가 모두 한국 국적이었기에 애초에 일본 국적을 갖지 않았다는 점을 일일이 설명해야 한다.

그러나 설명을 듣고도 한국인 친구들은 내

상황을 이해하기 어려워한다. "왜 그렇게 불편한 한국 국적을 유지해?"라는 질문을 듣는 건 다반사고, 어떤 친구는 "자이니치가 한국 국적을 가져서 좋을 게 없지 않아?"라고 묻기도 한다. 처음엔 차근차근 맥락을 설명했지만 같은 반응이 반복될수록 지쳐 갔다.

한국을 떠난 자이니치들은 이처럼 한국 사회의 무지로 인한 무례한 질문을 들으면서 더욱 자신을 이방인이라고 느꼈을 것이다. 여기에는 포섭과 배제의 역설이 동시에 작동하고 있다. 이름도 한국식이고 외모도 한국 사람과 비슷한 재한(在韓) 자이니치는 대한민국 국적을 갖는 '한국 사람'이라는 범주에 쉽게 포섭된다. 그러나 그들이 서툰 한국어로 입을 여는 순간 포섭은 즉시 배제로 뒤집힌다.

겉모습만 보고 같은 존재라며 안으로 끌어당기지만, 다른 점을 발견한 순간 밀어내며 바깥으로 내보내는 일. 그 얇고도 선명한 경계를 맞닥뜨린 자이니치는 결국 여기서는 끝내 적응

할 수 없다는 감각을 새긴다. 그리고 많은 이들은 적응하지 못하는 자기 자신을 탓하며 한국을 떠난다. 하지만 이를 단순히 그들의 선택이라고 할 수 있을까? 그들이 나약했기 때문이라고 말할 수 있을까?

전주국제영화제 기간 동안 영화 「이방인의 텃밭」은 네 차례 상영되었고 그중 두 번은 상영 후 GV가 있었다.

첫 번째 상영 날. 나와 어머니에게는 스크린이 가장 잘 보이는 정중앙 좌석이 배정되었다. 우리는 나란히 앉았다. 영화의 대부분은 일본어로 진행되지만 내레이션은 한국어에 영어 자막이다. 다만 내가 어머니에게 가장 전하고 싶었던 말만은 일본어로 내레이션을 읽었다.

어머니는 영화의 결을 따라가기 버거워했다. 한국어 내레이션과 영어 자막이 어머니에게 가닿지 않았기 때문이다. 일본어로 넣은 내레이션조차 문맥을 제대로 잡지 못해 충분히 전달되지 않은 모양이었다. 큰 스크린에서 처음으로 어머니에게 영화를 보여 주고 싶다는 마음이 앞선 나머지 어머니가 영화를 제대로 이해할 수 있도록 배려하지 못한 것이 미안했다.

상영이 끝난 뒤, 관객들은 어머니를 알아보고 다가와 반갑게 인사를 건넸다. 어떤 이는 울면서 어머니를 끌어안기도 했다. 당황해하면서도 함께 웃고 눈물을 흘리던 어머니의 얼굴에는 기쁨과 혼란이 겹쳐 있었다. 정작 어머니는 딸이 만든 영화가 대체 어떤 내용이기에 사람들이 자신에게 이렇게 다가오는지 충분히 이해하지 못한 듯했다. 그날은 어머니도 나도 새벽까지 술을 마시며 비현실적이고 고양된 밤을 보냈지만, 마음 한편에는 끝내 소화되지 않는 아쉬움과 후회가 남았다.

다음 날 아침, 나는 어머니에게 내 스마트폰을 건넸다. 그 안에는 일본어 자막을 입힌 영상이 담겨 있었다. 전주로 오기 전, 어머니가 영화를 온전히 이해할 수 있도록 직접 만들어 둔 버전이었다. 나는 조용히 재생 버튼을 눌렀다.

내국인도 외국인도 아닌

일본에서 대학을 졸업한 뒤 나는 한국 대학원에 진학했다. 교환학생 시절 한국에서 만난 자이니치들. 길게는 1960년대 한국에 유학 와 반세기 이상 한국에 거주한 자이니치 2세가 있었고, 나와 비슷한 연령대로 결혼이나 취업을 계기로 한국에 거주하고 있는 자이니치 3세, 4세가 있었다. 교환학생을 마치고 일본으로 돌아왔지만 이대로 일본에서 취업을 하기에는 어딘가 아쉬웠던 나는 결국 다시 한국으로 돌아왔다. 한국 생활을 조금 더 견뎌 보고 싶은 마음, 그보다는 한국에서 성공적으로 살아가고 있는 이전 세대 그리고 나와 같은 세대의 자이니치들을 선망하는 마음 때문이었다.

그러나 그들 역시 한국에서 태어나 살아가는 주변의 한국 사람들과 완전히 같은 조건에 놓여 있는 것이 아니었고, 여러 문제에 직면해 있다는 사실을 나중에야 알게 되었다. 나는 직접 행정 문제에 부딪히면서 비로소 그 어려움을 깨달았다.

한국에서의 대학원 생활도 2년째에 접어든 2016년, 나는 거의 10년 만에 다시 일본 국적 취득을 시도했다.

김이향. 대학원 입학과 함께 한국에서 공식적으로 사용하기 시작한 이름이다. 일본 이름을 한글로 옮긴 것뿐이었지만, 리향이라는 이름과 마찬가지로 이향 역시 낯설게 느껴졌다. 그래서 친해진 선후배들에게는 리카라고 불러 달라고 부탁하기도 했다.

교환학생 때와 달라진 것은 나에게도 제대로 된 신분증이 생겼다는 것이다. 내가 대학원에 입학한 2015년, 재외국민 주민등록제도가 시행되어 자이니치에게도 국내거소신고증 대신 주민등록증이 주어졌다. 낙성대 주민센터에서 다섯 손가락을 검정 잉크에 푹 묻힐 때의 차가운 감촉을 아직도 생생히 기억한다. 일본에서 지문 채취는 주로 피의자로 체포될 때 이루어진

다. 그래서인지 내게 지문 채취는 오랫동안 범
죄의 상징이었다. 그러나 한국에서의 지문 채취
는 전혀 다른 의미였다. 그것은 보호를 의미했
다. 주민센터에서 지문을 등록하며 나는 앞으로
는 휴대전화를 불편 없이 개통할 수 있고, 본인
인증을 할 때마다 내국인/외국인이라는 선택지
앞에서 망설일 일도 없을 것이라는 안도감을 느
꼈다.

하지만 나에게 새로 주어진 주민등록증 상
단에는 '재외국민'이라는 수식어가 붙었다. 해
외에 영주권이 있다는 뜻이다. 주민등록번호가
발급되었으므로 일상적인 불편함은 훨씬 줄었
지만, 재외국민 주민등록증이라는 미묘한 차이
는 여전히 가끔씩 나의 발목을 잡는다. 청년월
세지원금에 신청했을 땐 일본 영주권을 버리지
않는 이상 지원금을 받을 수 없다는 이야기를
들었다. 언제든 외국에 나갈 수 있는 재외국민
이 아니라 한국에서 계속 살아갈 청년들을 위한
지원 제도라는 거였다. 같은 이유로 은행 대출

도 어려웠다.

더 큰 문제는 언어에 있었다. 유학생이 석사 논문을 한국어로 쓰기 위해서는 우선 한국어 시험을 쳐야 했다. 나보다 한 학기 먼저 석사 과정에 입학한 중국인 친구는 한국어 시험을 치를 때 준비해야 할 것들에 대해 조언해 주었다. 한국어 시험은 논문을 쓰기 전이라면 언제든 볼 수 있었기에, 나는 일찌감치 학과 조교실로 향했다. 하지만 조교는 나를 보고 이렇게 말했다. "한국 국적이면 한국어 시험이 아니라 영어 시험을 치러야 합니다."

처음에는 내가 자이니치라는 사실을 잘 몰라서 한 말이라고 생각했다. 나는 일본에서 모든 교육을 받았다는 점, 외국에서만 교육받은 자이니치는 재외국민 전형으로 입학한다는 점, 그리고 논문을 영어가 아니라 한국어로 쓴다는 점을 차근차근 설명했다. 조교는 내 이야기를 듣고 사회과학대학 사무실 직원에게 상황을 설명해 보라고 안내했지만, 돌아오는 답은 똑같았다. 한국 국적인 이상 한국어 시험은 칠 수 없고, 영어 시험을 쳐서 기준 점수를 만족시켜야 한다는 것이었다.

한국에서 나고 자란 보통의 한국인이 입학할 때 요구되는 그 점수는 나에게 결코 쉽게 얻을 수 있는 성적이 아니었다. 시험은 한국에서만 시행되는 독특한 형태의 것이라, 대학원 입학 전까지 한 번도 한국에서 영어 교육을 받은 적 없는 비영어권 유학생에게는 어려운 과제였다.

영어 시험 대신 한국어 시험을 치를 수 있도록 지도 교수와 상담하고 학내 여러 기관에도 호소했지만 끝내 받아들여지지 않았다. 한국 국적으로 졸업하려면 반드시 영어 자격증을 따야만 했다. 함께 입학한 동기들과 같은 시기에 졸업하려면 시간이 얼마 없었다. 어쩔 수 없이 영어 자격증 준비를 시작했다.

인류학 석사 논문을 쓰기 전에는 적어도 6개월 정도의 현장 연구가 필요하다. 연구하는 집단의 사람들을 만나 관찰하고 인터뷰하는 것이 연구에서 핵심적인 과정이기 때문이다. 대학원 동기들이 연구 현장으로 향하는 동안 나는 영어 학원에 다녔다. 단어집에는 영어 단어의 뜻이 한국어로 적혀 있었다. 단어 자체가 어려운 경우 한국어 뜻을 봐도 머리에 바로 들어오지 않았다. 현재완료, 가정법 과거완료 같은 영어 문법 용어도 마찬가지였다. 나는 먼저 그 한국어 뜻을 이해한 뒤 나에게 익숙한 일본어로 번역해야만 영어 문법을 익힐 수 있었다.

학교는 내가 한국 국적이지만 한국인과 다른 환경에서 자라 왔다는 점을 고려하지 않았다. 하지만 어떤 때에는 내가 일본에서 살았다는 걸 영어 시험을 치러야 하는 이유로 설명하기도 했다. 학교 행정실에 이의를 제기했더니 "일본은 선진국이니 영어 정도는 할 수 있는 게 아니냐."라는 말이 돌아왔다. 애초에 영어 시험은 한국 국적이기 때문에 쳐야 한다고 설명했는데 그 의무를 정당화하는 근거는 내가 일본에서

왔다는 사실이었다.

이중적인 태도를 납득하기 힘들었지만 더 이상 호소할 시간도 정신적 여유도 없었다. 동기 부여가 쉽게 되지 않는 가운데 어학원을 다닌 지 세 달 만에 겨우 영어 점수를 따서 요건을 충족했다. 그 소식을 듣고 몇몇 사람들은 "그래, 자기 실력으로 넘어야지."라고 말했다. 끝내 영어 시험을 치르라던 학교의 완고한 태도에 함께 분노해 주던 사람들이었다. 그 말을 듣고 그동안 나의 말들이 결국 영어를 못하는 사람의 엄살로 해석되었음을 알았다.

이는 실력의 문제가 아니다. 학생의 성장 배경과 입장을 고려하지 않고 오로지 국적만을 기준으로 적용하는 대학원의 제도적 문제다. 국적이 곧 그 사람의 언어 능력을 규정한다고 보는 잘못된 인식이 문제다. 입학은 재외국민 전형으로 했을지라도 졸업할 때는 일반 한국인 학생 기준을 충족하라고 요구하는 이중 조건. 결국 나는 한국에서도 귀화를 생각하게 되었다.

한국 국적이 문제다. 한국에서 나로서 이해받으려면 차라리 일본 국적이 되어야 한다.

만약 10년 전 어머니가 내 귀화에 반대하지 않았더라면 나는 한국어를 공부하지도 한국에 오지도 않았을 것이다. 나는 한국에 온 것 자체를 후회하지 않았기에 '그때 귀화를 했어야 했다' 하고 후회하지는 않았다. 그러나 일본 사람이 되고 싶어서 귀화를 시도했던 고등학생 때와 달리, 대학원 생활을 하면서 내가 다시 귀화라는 선택지를 떠올리게 된 이유는 훨씬 실리적인 것이었다.

당시 나는 한국에서 아이를 낳아 키우며 사는 자이니치 어머니들이 일본에 영주권이 있다는 이유로 대한민국 국민이 받는 자녀 보육 지원을 받지 못한다는 뉴스를 접했다.[9] 그들은 한

9　한국 거주 자이니치 자녀의 보육료 미지급 문제에 대해서 자이니치 여성 두 명이 2015년 11월 헌법소송을 걸었고, 2018년 1월 헌재가 위헌을 결정했다. 자이니치 자녀는 외국의 영주권을 보유하고 있지만 상당한 기간 국내에 거주하고 있으므로 다른 일반 국민과 실질적으로 동일하다고

국에 사는 외국인 자녀가 받을 수 있는 다문화 가정 지원에서도 제외되었다. 자이니치는 일본에서만 교육받아 실질적으로 다문화 가정과 다르지 않지만 한국 국적이라는 이유로 배제된 것이다. 자이니치는 영주권이 있어서 한국인이 받을 수 있는 지원에서 배제되고, 한국 국적이기 때문에 외국인을 위한 지원도 받을 수 없다. 살아온 배경이나 문화는 도외시된 채 말이다.

자이니치는 한국과 일본 어느 쪽의 내국인도, 외국인도 되지 못한다. 나는 차라리 외국인이 되어 내 존재를 분명히 하는 편이 좋겠다고 생각했다. 그래야 일본 문화에서 자라고 살아왔다는 사실을 인정받고, 다문화 정책 등 나에게 맞는 지원을 받을 수 있을 것 같았다. 그러면 대한민국 국민을 대상으로 한 지원 정책에서 제외되더라도 스스로 납득할 수 있을 것이다.

하지만 나의 두 번째 귀화 시도는 어머니

인정한 것이다.(「보육료 차별 가정과 5년 전 약속」, 《경향신문》, 2020년 7월 31일.)

에게 말해 보기도 전에 좌절되었다. 자이니치가 일본 국적으로 귀화하려면 신청 직전 5년 이상 일본에 거주해야 한다는 조건 때문이다.[10] 일본에서 25년 넘게 살았지만 대학원에 다닌 1년 반 때문에 귀화 신청 자격을 충족할 수 없었다. 일본에 들어가게 되면 다시 생각해 보기로 하고 귀화에 대한 마음을 일단 접었다. 하지만 나에게 귀화에 대해 차분히 고민해 볼 기회는 좀처럼 찾아오지 않았다. 대학원을 졸업하자마자 서울에 있는 회사에서 일하게 되었기 때문이다.

애초에 교환학생으로 한국에 간 것은 한국어를 더 잘하고 싶어서였고, 대학원을 한국에서 다닌 것은 주변에서 중심으로 가고 싶었기 때문이었다. 자이니치 사회가 아닌 본국 한국에서 한국 문화를 바라보고 배우고 싶었다. 한국에서 취업한 것도 마찬가지 이유였다. 주변에서 중심

10　2026년 4월부터 일본 국적으로 귀화하기 위한 거주 조건이 '5년 이상의 지속적인 거주'에서 '10년 이상'으로 강화되었다.

으로, 그리고 그 중심의 더 깊은 곳으로 들어가 보고 싶다는 욕심. 그러나 회사 생활은 일시적 인 체험으로 끝낼 수 없었다. 그렇게 한국에 남 았고, 어느새 10년이라는 세월이 흘렀다.

3장

이방인의 텃밭

어머니와 마주하다

한국에 사는 자이니치에 대한 영화를 만들자. 처음 그 계획을 세운 것은 2022년 5월이다. 당시 나는 한국에서 4년 넘게 다닌 회사를 그만두고 3개월 정도 일본에 갔다가, 다시 한국으로 돌아와 새로운 회사에서 일을 시작한 상태였다.

일본에 잠시 머무는 동안 깨달은 게 있다. 일본은 나에게 이유가 없어도 언제든 갈 수 있는 곳이라는 것. 하지만 한국은 달랐다. 한국에 가려면 언제나 명분이 필요했다. 그게 없으면

잠깐 여행을 다녀올 수는 있어도 생활의 기반을 두고 살 수는 없었다.

그 사실을 자각한 순간 내가 한국에서 10년 동안 쌓아 온 것들이 한순간에 모두 초기화되어 버린 듯한 기분이 들었다. 동시에 한국에서의 삶을 그렇게 통째로 잃어버리고 싶지 않다는 생각이 들었다. 본능적으로, 단호하게 그렇게 느낀 것이다.

오랜만에 돌아온 일본에서 나는 다시 한국으로 돌아가기 위해 일자리를 찾기 시작했다. 코로나 19의 유행으로 2주 동안의 자가 격리를 거쳐 어렵게 귀국한 상황이었는데도 말이다. 어떤 일을 하든 상관없었다. 단지 한국에 들어갈 명분이 생기는 게 중요했다. 그로부터 세 달 후 나는 한국 서울에서의 삶을 다시 시작했다.

서울에 살기 시작하면서 마당에 씨앗 하나를 심었다. 시소(紫蘇)라는 이름의 식물이다. 시소는 중국 대륙에서 유래한 꿀풀과의 식물로, 일본에서 일상적으로 먹는 식재료다. 일식 허브라고 불릴 만큼 향이 강하며 회나 국수의 고명으로 곁들이면 그 맛을 단숨에 끌어올린다.

시소 잎은 겉에서 보면 깻잎과 비슷하다. 마당에서 깻잎과 시소를 함께 키우면 어떤 게 시소이고 깻잎인지 헷갈릴 정도다. 나는 깻잎 밭에서 자라는 시소를 보면서 시소가 마치 나 같다고 생각했다.

한국에 사는 자이니치는 집단 거주지도 끈끈한 공동체도 없다. 존재를 증명할 이름이나 묶일 울타리도 없다. 한국 국적과 한국식 이름을 가진 탓에 겉으로는 한국인과 잘 구분되지 않는다. 그렇게 보이지 않는 자이니치는, 그러나 한국 사회에 녹아들 수도 없다. 한국 사람들은 자이니치를 처음 마주할 때 같아 보이지만 결이 다른 기척에 당황한다.

한국 국적이라면 모두 같을 거라는 믿음은 한국에서만 살아 본 사람의 착각이다. 나는 한국에 자이니치가 살고 있다는 사실을 보여 주기 위해 다큐멘터리를 기획했다. 그리고 그 작업은 결과적으로 귀화를 둘러싼 나와 어머니 사이의 앙금과 정면으로 마주하는 과정이 되었다.

2023년 4월. 카메라를 사이에 두고 어머니와 대면했다. 이미 한국에서의 촬영을 모두 마친 뒤였다. 나의 일상을 기록하고 자이니치 지인들을 따라다니며 한국 사회에서 투명 인간처럼 소외되는 자이니치의 모습을 담았다. 그러나 한국에서의 나의 모습을 기록하는 것만으로는 충분하지 않았다. 내가 왜 한국에 살게 되었는지, 그 시작을 말해야 했다.

내가 한국에 관심을 갖고 공부하기 시작한 이유는 분명 어머니와의 갈등 때문이었다. 그 감정의 뿌리를 말하지 않으면 지금의 나를 설명할 수 없다. 왜 어머니가 귀화를 끝까지 반대했는지 그 근원을 찾아 직시하는 일. 그 일을 더 이상 미루거나 외면할 수 없었다.

어머니에게 나와 가족에 관한 영화를 찍고 싶다고 인터뷰를 요청하고 허락받았다. 한국인

제작진 두 명과 함께 일본 집을 찾았을 때, 어머니는 옛 사진들을 꺼내 놓고 우리를 기다리고 있었다. 우선 눈에 들어온 건 한복을 입고 환하게 웃는 젊은 시절의 어머니 사진이다. 어머니는 20대에 한국 무용을 배웠고, 88 올림픽 개막식 무대에서 춤까지 췄다는 이야기를 들려주었다. 한복을 입은 어머니의 사진은 처음 보았지만 사진 속 표정은 낯설지 않았다. "우리는 한국인이니까."라고 반복하던 어머니 얼굴이었다.

이어 어머니는 고등학생 시절 한국을 방문했을 때 찍은 사진을 보여 주었다. 자이니치 학생들과 함께 모국을 찾았을 때의 사진이라고 말했다. 인솔한 선생님과 함께 찍은 사진, 학생들과 환하게 웃는 어머니의 사진, 그리고 마지막 한 장, 금방이라도 무너질 듯한 허름한 초가집 사진이 눈에 들어왔다. 경상북도 영주에 있다는 외할아버지가 태어난 집이었다.

나는 사진을 자세히 들여다보았다. 사진 속 어두운 실내에는 멍한 표정으로 앉아 있는 두 사람이 있었다. 나의 증조할아버지와 증조할머니, 어머니의 할아버지와 할머니라고 했다. 아들, 그러니까 나의 외할아버지가 일본으로 떠난 뒤 시간이 그대로 멈춘 듯 숨죽인 표정이었다.

자기 아버지의 고향을 찾았을 때, 어머니는 진심으로 한국에 이주하려 했다고 한다. 하지만 그곳에 머무는 동안 배탈이 심하게 나 병원에 실려 갔고, 의사에게 "너는 한국 물이 안 맞으니 더 이상 여기에 있으면 안 된다."라는 말을 들은 뒤 결국 일본으로 돌아왔다고 했다.

탈이 난 이유는 따로 있을지도 모른다. 사실 사진 속 초가집은 썩 위생적이지 않은 모습이었다. 하지만 한국에서 적응하려 애쓰던 어머니는 의사의 말 한마디에 바로 한국 생활을 포기하고 말았다. 어머니는 그 말을 듣고 긴장이 확 풀렸다고 말했다. 어쩌면 '한국에 있으면 안 된다'라는 또렷한 진단이 고마웠을지도 모른다. 일본에서 한국 이름으로 살면서도 한국인이 될 수는 없었던 어머니에게 처음으로 누군가가 분명한 결론을 내려 주었으니까. 너는 한국인이 아니라고.

어머니가 한국에서 살고 싶었던 이유는 바로 이름 때문이었다. 어머니는 초등학교에 입학하자마자 이름이 바뀌었다. 안도 메구미(あんどうめぐみ)에서 권혜숙(ゴンヘス)으로. 아이만은 한국 사람으로 살았으면 하는 부모의 결정이었다. 부모는 일본식 이름을 유지했다.

받침 발음이 어려웠던 어린 시절 어머니는 스스로를 '헤수(ヘス)'라고 불렀다. 그래서 친척들이 집에 와서 "혜숙아"라고 부를 때, 어머니는 그 말이 자신을 부르는 것인지 알아듣지 못했다고 한다. 내가 '이향'이나 '리향'으로 불릴 때 느끼는 위화감과 비슷해 보였다.

어머니는 유치원 친구들에게 자신의 한국 이름을 알리지 않았다. 그래서 유치원 친구들은 계속해서 어머니를 '메구미짱(めぐみちゃん)'이라고 불렀고, 초등학교에 들어가 새로 사귄 친구들은 권이라는 성을 따 '곤짱(ゴンちゃん)'이라고 불렀다. 그러나 어머니는 어느 쪽 친구에게도 이름이 바뀌었다는 사실을 말하지 못했다.

그러던 어느 날, 초등학교 친구와 함께 있을 때 우연히 유치원 시절 친구를 마주쳤다. 그 친구가 예전처럼 "메구미짱" 하고 불렀을 때 어머니는 대답할 수 없었다. 그때부터 어머니는 친구들에게 거짓말을 하고 있다는 죄책감에 시달렸고, 친구들과도 점차 거리를 두게 되었다고 한다.

권혜숙이라는 이름은 어린 어머니가 받아들이기에는 너무 버거운 이름이었다. 일본에서는 흔하지 않은 이름이었고, 특이한 성 때문에 놀림받는 일도 적지 않았다. 어머니에게 이 한국식 이름은 자기 부정의 근원이 되었다.

어머니 역시 나와 같은 고민을 안고 있었다. 하지만 내가 귀화하고 싶다고 부모에게 말할 수 있었던 것과 달리, 어머니는 끝내 자신의 고민을 부모에게 털어놓을 수 없었다. 어머니의 아버지는 폭력적인 사람이었기 때문이다. 딸의 행동이 마음에 들지 않으면 직접 폭력을 가하기보다는 아내에게 폭력을 행사했다. 어머니는 친구한테서 놀림당했다는 이야기도, 이름을 '혜수'에서 '메구미'로 다시 되돌리고 싶다는 말도 할 수 없었다. 그러면서 어머니는 한국식 이름을 강요한 부모를 미워했다.

그렇다면 어머니는 왜 그토록 격렬하게 나의 귀화에 반대했을까. 자신도 한국 국적을 힘겨워했으면서, 왜 딸에게 같은 무게를 짊어지게 했던 걸까. 그 이유를 묻는 것이 이번 인터뷰의 목적이었다.

"네가 귀화하고 싶다고 말했을 때, 내 인생이 한순간에 무너진 것 같았어." 카메라 너머에서 어머니는 그렇게 말했다.

자이니치 3세인 나에게 한국 국적은 정체성의 혼란을 가져왔지만, 물리적으로 나의 발목을 잡지는 않았다. 물론 차별이 완전히 사라진 것은 아니다. 한국 국적으로 집을 구하기 쉽지 않고, 취업 차별도 남아 있다. 하지만 진로를 정하거나 결혼 상대를 고를 때 한국 국적이라는 사실이 결정적인 변수로 작용하지는 않는다.

자이니치 2세인 어머니의 사정은 달랐다. 집안에는 반드시 한국 이름으로 살아야 한다는 압력뿐 아니라 커서 의사가 되어야 한다는 규칙까지 있었다. 자이니치 1세인 할아버지는 의사였다. 일본에서 한국 국적자로 취업하기가 어려웠던 시절 그는 의사로서 자신과 가족들의 생계를 유지했고, 자식도 의사가 되면 생계를 이어갈 수 있을 거라고 판단했다. 의사가 될 능력이 없다면 적어도 의사와 결혼해야 했다.

어머니에게 이는 거스를 수 없는 지침이었다. 다른 직업을 꿈꾸거나 아버지의 의견에 반대하면 곧 폭력으로 되돌아올 것이 분명했다. 그만큼 자이니치 1세인 아버지의 고집과 집안에서의 영향력은 대단했다. 실제로 어머니의 오빠와 남동생은 모두 의사가 되었고, 여동생은 약사가 되었다.

집안의 엄한 분위기가 싫지 않았느냐는 나의 질문에 어머니는 "그때는 어쩔 수 없었으니까."라고 반복해서 대답했다. 그 태도를 볼 때면 마치 폭력을 피하기 위해 오랫동안 이어 온 자기방어가 자연스럽게 어머니의 의지를 앗아간 것처럼 느껴졌다.

어머니는 의사와 결혼하는 길을 선택했지만, 그 선택의 조건에도 다시 한국 국적이 작동했다. 결혼 상대는 무조건 한국 국적자, 그중에서도 아버지와 같은 경상도 출신이어야 했다. 언젠가 자이니치와 결혼하게 될 것을 알면서도 어머니는 일본 남성과 몇 번 교제했다고 했다. 결혼은 마음 한편에서 이미 포기하고 있었기 때문에 일본 남성과의 만남은 모두 일시적인 관계에 그쳤다. 하지만 부모가 소개하는 자이니치 남성들은 모두 어머니의 마음에 들지 않았다. 결국 결혼할 만한 연령대이면서 의사라는 직업을 가진 자이니치 2세 남성, 즉 나의 아버지 한 사람이 배우자 후보로 남았다.

아버지의 집안은 제주도 출신이어서 결혼 상대 조건과 정확히 일치하지는 않았지만 더 이상 선택지가 없었다. 게다가 아버지의 아버지, 나의 친할아버지는 제주도 관광 사업에 적극적으로 투자한 인물로 자이니치 사회에도 잘 알려져 있었다. 경상도 출신이 아니었지만 결혼은 성사되었다. 어머니에게 그 결혼은 또 다른 불행의 시작이었다. 딸에게는 성격이 부드럽고 다정한 아버지였지만, 어머니에게 그는 육아에 전혀 참여하지 않는 가부장적인 남편이었기 때문이다.

어머니는 자신이 살아온 굴곡진 인생의 원인을 한국 국적에 귀결시켰다. 하지만 이는 역설적으로 어머니가 한국 국적을 버릴 수 없게 만들었다. 어머니에게 한국 국적을 버린다는 것은 인생 전체를 부정하는 것과 다름없었기 때문이다.

"한국 국적을 버릴 바에야, 내 인생을 처음부터 다시 살아야지……"

인터뷰 중 이렇게 말하며 어머니는 끝내 울기 시작했다.

인터뷰를 하면서 어머니가 왜 입버릇처럼 한국 사람답게 살아가기를 강조했는지 이해하게 된 것 같았다. 그것은 민족의식의 결과도 아니고, 한국어를 못 한다는 열등감에서 온 것도 아니었다. 어머니는 자기 인생을 부정하지 않기 위해 한국 사람이기를 고집했다.

자이니치 1세로서 할아버지와 할머니가 경험한 일본 사회는 한국인으로서 온전히 살아갈 수 없는 차별과 배제의 공간이었다. 그 속에서 한국인이라는 정체성은 일상의 문화나 언어로 자연스럽게 수행되는 것이라기보다, 상실과 억압에 맞서는 마지막 보루이자 갈망의 대상이었다.

갈망은 다음 세대로 이어졌다. 아이만은 한국 사람으로 살았으면. 문제는 이처럼 다음 세대로 이어지는 과정에서 이 갈망이 가부장적 질서와 결합하면서 의무와 폭력으로 작동했다는 것이다. 어머니는 한국인으로서의 정체성을 지켜내야 했고, 그 과정에서 일본 사회의 차별과 가족 내의 폭력을 동시에 감내해야 했다.

조부모가 스스로를 지키기 위해 한 선택은 어머니를 거쳐 손자인 나에게도 이어졌다. 어머니는 자기 자신을 인정하기 위해 강요받은 정체성을 어느새 스스로 선택한 것으로 정당화하고 있었다. 그 정체성을 다음 세대인 내가 멋대로 버릴 수는 없었다. 나는 어머니가 집착해 온 그 정체성에 저항하면서도 그 영향 아래에서 어떻게 살아갈지 고민했고, 결국 한국으로 오게 되었다. 어쩌면 나는 어머니와 같은 길을 걷고 있는지도 모른다.

인터뷰 다음 날 어머니와 함께 바다로 갔다. 외할머니가 사는 집 근처의 해수욕장. 어릴 적 어머니, 동생과 함께 조개를 잡으며 놀던 기억이 남아 있는 넓은 태평양 바다였다. 그곳에서 나는 다시 카메라를 켜고 어머니에게 꿈이 무엇인지 물었다.

어머니는 자신의 꿈이 어릴 때나 지금이나 같다고 했다. 한국에 사는 것. 어색한 이름으로 살지 않아도 되고, 사는 곳과 다른 국적 때문에 하고 싶은 일을 포기하지 않아도 되며, 만나고 싶은 사람을 만나지 못하는 일도 없는 삶. 어머니는 국적이 일치하는 한국에 가면 그런 평범한 삶을 살 수 있을 거라고 했다.

그러면서 어머니는 내가 지금 한국에 살고 있다는 사실만으로도 자신의 꿈이 이루어졌다고 말했다. 처음부터 그렇게 생각한 것은 아니었고, 오래전부터 어머니를 알고 지내던 지인이 어머니에게 이렇게 말했다고 한다. "딸이 한국에 있으니 이제 네 꿈도 이뤄진 거야." 그 말을 듣고 조금이나마 위로를 받았다는 것이다.

자이니치가 한국에 간다고 해서 과연 어머니가 말하는 평범한 삶을 살 수 있을까. 한국식 이름과 한국 국적을 가졌다 해도 한국어가 서툴고 한국 문화에 익숙하지 않은 자이니치는 결코 한국에서 태어난 한국 사람과 같아질 수 없다.
하지만 그 이야기를 어머니에게 할 수는 없었
다. 딸을 통해 이루어졌다고 믿고 있는 어머니
의 첫 꿈을 내가 깨뜨리고 싶지 않았다. 나는 잠
깐 고민한 끝에 카메라의 전원을 껐다.

나는 아직 어머니에게 말하지 못했다.
귀화를 둘러싼 어머니와의 갈등이
나를 이곳 한국으로 데려왔다는 사실을.

그리고 이유를 물어보지도 않은 채
나를 침묵시킨 어머니를 내가 아직 완전히
용서하지 못하고 있다는 사실을.

부모의 의향으로 한국 사람으로 살게 된
자이니치 2세인 어머니는
딸이 한국에 사는 모습을 통해
자신의 꿈을 이루었다고 한다.

하지만 한국에서 살고 싶다는 그 꿈이
정말 어머니 자신이 꾼 꿈이었는지
나는 여전히 모르겠다.
어머니가 정말로 꿈꿨던 것은 무엇이었을까.

— 영화 「이방인의 텃밭」 내레이션 중에서

"나를 이해해 줘서 고마워."

전주영화제 상영 다음 날, 일본어 자막을 입힌 영화를 끝까지 본 어머니의 첫마디는 뜻밖에도 고맙다는 말이었다.

나는 어머니가 내 영화를 보고 상처받을 수 있다고 생각했다. 귀화를 반대했던 어머니를 여전히 용서하지 못한다고 직설적으로 말했기 때문이다. 그래서 어머니에게 영화를 보여 주는 일이 두려웠지만, 그건 어머니에게 꼭 전하고 싶은 말이었다. 영화에는 어머니가 나를 이해하고 있지 않다는 전제가 깔려 있었고, 어머니에게 이해받고 싶은 나의 바람이 담겨 있었다.

하지만 '가족들이 나를 이해하지 못한다'라는 체념은 나뿐만 아니라 어머니를 오래도록 지배해 온 것이다. 어머니는 가족의 귀화를 막았지만 딸도 남편도 오랫동안 그 이유를 묻지 않았다. 아버지는 지금도 어머니의 행동을 "민족의식이 강하다."라는 한마디로 설명한다.

사실 영화를 찍기 전까지 나도 아버지와 같은 시선으로 어머니를 보고 있었다. 그래서 영화를 촬영하기 시작한 시점 나는 자이니치 1, 2세와의 단절만을 생각하고 있었다. 하지만 카메라 앞에서 어머니가 꺼낸 말들은 내가 오랫동안 어머니에게 말하지 못한 채 마음속에 가두어 두었던 소리와 닮아 있었다. 그걸 알고 난 뒤 나는 어머니의 삶에서 나와 닮은 점을 찾아보기로 했다. 태어나지도 않았고 잘 알지도 못하는 조국에 집착하는 어머니는 내 안에서 늘 구시대적인 존재로 남아 있었지만, 그 구시대적인 감각이 내 안에도 존재한다는 사실을 인정해야만 했다. 그래야만 내가 왜 한국에 살고 있는지를 설명할 수 있었다.

　20세기 후반 보편적 진리와 가치관을 비판하고 거부한 사상적·문화적 흐름으로서 포스트모더니즘 즉 탈근대주의는 디아스포라의 정체성에도 변화를 가져왔다. 국민국가를 기반으로 한 민족적 공동체에서 탈영토화된 네트워크 공동체로의 변화다. 나는 그동안 조국에 집착하는 조부모와 부모 세대를 근대적 사고를 벗어나지 못한 사람들로 바라보고 있었다. 나는 이미 벗어났지만 그들은 아직 그곳에 머물러 있다고 생각한 것이다. 사실은 나 역시 그들과 같은 가치관을 공유하고 실천하고 있었음에도 불구하고.

　한국식 이름을 강요한 부모를 원망하고 국적 때문에 자신의 인생이 한순간에 무너졌다고 느끼지만, 바로 그 이유로 한국 국적에 집착하고 딸의 귀화를 반대했던 어머니. 부모의 반대로 일본에 귀화하기를 포기한 뒤 오히려 한국어 공부에 집착하며 결국 한국으로 건너와 살게 된 나. 스크린 위에서 어머니의 모습과 나의 모습이 겹쳐졌다.

그런데 어머니는 영화 속에서 자신과 같은 존재로 묘사된 나의 모습에는 별로 관심을 두지 않았다. 어머니가 영화를 보고 반복적으로 한 말은 "영화로 보니까 역시 내 인생은 정말 불쌍해."였다. 나는 어머니가 나를 이해해 주기를 바랐다. 어머니가 왜 귀화에 반대했는지를 내 나름대로 이해했듯이, 내가 왜 귀화를 원했는지 어린 시절 나의 마음을 알아주었으면 했다. 그리고 아직 어머니를 완전히 용서하지 못했다는, 직접 말로 꺼내지 못하고 스크린 위에서 대신한 고백에 귀 기울여 주기를 바랐다.

그러나 어머니는 내 내레이션을 듣고도 안색이 변하지 않았다. 어머니에 대한 나의 감정을 어머니는 이미 알고 있었던 걸까. 나는 그 지점을 붙들고 더 캐묻지 못했다. 가족에게 이해받지 못했다는 오랜 체념에서 겨우 벗어난 어머니에게 곧바로 나를 이해해 달라고 요구하는 것이 과연 옳은지 고민했다. 그리고 내가 왜 어머

니에게 이해받고자 하는지 스스로에게 물었을
때 더 이상 답변이 떠오르지 않았다.

“너의 영화에는 흙이 많이 나오네.”
두 번째 영화 상영을 위해 영화관으로 가는
길에 어머니는 이렇게 말하며 웃었다. 전주영화
제에서 본 다른 자이니치 영화에는 바다가 많이
등장했는데, 내 영화에는 흙만 잔뜩 나온다는
것이었다. 영상을 여러 번 보고 편집하면서도
미처 자각하지 못한 부분이었다.
물론 영화의 모티브가 된 식물 시소를 심고
잎을 따는 장면, 겨울이 되어 시소가 죽고 다시
씨앗을 심는 장면까지 담겨 있으니 흙이 자주
등장하는 것은 자연스러운 일이다. 하지만 흙을
의도적으로 많이 보여 주려 했던 것은 아니라서
어머니의 소감은 신선하게 들렸다.
바다를 영화에 더 많이 담을 수도 있었다.
친할아버지가 태어난 제주도로 가 바다를 배경
으로 촬영할 계획도 세웠고, 바다를 걷는 외할

머니의 모습을 찍을지를 두고 고민했다. 하지만 완성하고 보니 영화에 나오는 유일한 바다 장면은 바다 앞에서 어머니와 마지막 대화를 나눈 신뿐이다. 어머니가 "한국에 살고 싶었다."라고 말한 바다.

제작 과정에서 바다에 대한 의미가 분명해졌다. 나와 어머니에게 바다는 경계를, '갈 수 없다'라는 애틋함을 상징한다. 일본 사회와 한국 사회에서 중심이 아닌 주변, 경계선에 있는 사람이 갈 곳을 찾아 헤매는 감각을 바다는 준다. 반면 흙, 다시 말해 땅은 '있다'의 증거이자 현장으로 느껴진다.

조부모가 그리워했던 모국, 어머니가 가고 싶어 했던 조국, 그리고 자이니치 3세인 내가 현재 살아가는 이곳. 그리움과 갈망, 고민과 배제, 좌절과 분투의 현장은 늘 한반도라는 땅이었다. 세대마다 의미가 전혀 다른 땅. 모든 것을 삼키고 흘려보내는 바다와 달리, 땅에는 이전 세대의 흔적이 남는다. 그 흔적을 부수는 대신 해석하고, 이어 붙이고, 새로 의미를 부여하는 일. 그것이 다음 세대에 남겨진 역할이지 않을까.

어머니가 던진 흙이 많이 나온다는 말은 내가 놓치고 있던 시선을 열어 주었다. 그 말 끝에서 나는 다시 나와 어머니의 기원 그리고 우리가 서로를 붙들어 온 방식에 대한 생각 속으로 가라앉았다.

함메의 고향

일본 치바. 어머니의 어머니, 나의 외할머니는 거기에 살고 있다. 여름이면 외할머니 집 앞마당에 깻잎이 무성하게 자랐다. 하지만 다리가 아파 할머니가 마당에 쉽게 나가지 못하게 된 뒤부터 마당은 딱딱하게 굳은 흙이 드러난 황량한 풍경으로 바뀌어 버렸다.

1933년 한반도 경상북도 영일군에서 태어

난 외할머니는 태어난 지 얼마 되지 않아 일본 오사카로 건너가 일본에서 일본어를 모어로 자랐다. 그러다 제2차 세계대전으로 오사카 공습이 시작되자 대구에 있는 친척 집으로 피난을 갔고, 그곳에서 한반도 해방을 맞이했다. 그 뒤에도 한국에서 학교에 다니면서 한국어와 한국 문화를 습득했다. 할머니가 다시 일본으로 돌아간 것은 한국 생활 10년 차에 접어든 해 일어난 6·25전쟁 때문이었다. 이후 할머니는 일본에 살고 있는 한국인과 결혼해 도쿄에 정착했다.

나는 외할머니를 '함메'라고 부른다. 할머니가 태어난 지역에서는 할머니를 '할매'라고 부르지만, 리을 받침 발음이 어려웠던 탓인지 나와 동생, 사촌들 모두 할머니를 함메라고 불렀다.

"함메!"

어렸을 때 오랜만에 할머니 집에 찾아가는 길에 멀리서 할머니를 보고 그렇게 외친 적이 있다. 그런데 그 순간 할머니는 언제나처럼 웃어 주는 대신 얼굴을 찌푸리고 '쉿' 하고 손가락을 입술에 댔다. 무섭게 주의를 주는 몸짓이었다. 어린 나는 영문을 알 수 없어 당황했는데, 나중에 어머니에게 물어보고서야 외할머니가 자신이 한국인이라는 사실을 주변에 숨기고 있다는 걸 알게 되었다.

집 밖에서는 함메가 아니라 할머니를 뜻하는 일본어인 '오바아짱(おばあちゃん)'이라고 부르라는 지시도 들었다. 할머니가 사는 집에서는 삼촌이 병원을 운영하고 있었다. 병원 이름은 삼촌의 일본식 성에서 딴 것이었고, 병원을 찾는 환자들은 삼촌이 자이니치라는 사실을 몰랐다. 할머니는 자신이 한국인임이 드러났을 때 병원 운영에 차질을 줄 것을 두려워하며 일본식 성과 이름으로 지내고 있었다. 할머니는 이름뿐만 아니라 냄새까지 신경을 쓸 정도로 철저했다. 집에서 김치를 담갔지만 거기에 마늘을 넣지 않았다. 삼촌이 진료할 때 마늘 냄새가 날까봐 걱정했기 때문이다.

손자가 방문할 때마다 할머니가 차려 주는 것은 늘 한국 음식이었다. 직접 담근 김치와 고추장, 정성 들여 끓인 찌개까지. 나는 할머니 집에 갈 때마다 맛본 한국 음식을 정말 좋아했다.

한편으로는 어머니가 할머니의 요리를 제대로 배우지 않은 것이 늘 아쉬웠다. 어머니와 이모는 할머니가 한국 음식을 만드는 데 워낙 많은 공을 들였기에 그 과정이 번거롭고 고되게 느껴졌다고 한다. 사실 나도 다르지 않다. 할머니 집에 갈 때마다 배워야겠다고 마음 먹지만 막상 함께 부엌에 서면 그 섬세함과 끈기 앞에서 포기해 버린다. 그래서 할머니가 손수 해 주던 음식이 더 특별하고 소중하게 남아 있는지도 모르겠다.

할머니는 집 밖에서는 일본 사람으로 살았지만 집 안에서는 한국 사람 그 자체였다. 한국 음식을 만들고, 한국 음악을 틀어 놓고, 한국 드라마를 보며 하루를 보냈다. 자식에게 일본식 이름이 아닌 한국 이름을 지어 준 것도 '자식만

큼은 한국인으로 살게 하고 싶다'라는 단단한 의지가 있었기 때문이다.

하지만 할머니와 할아버지는 정작 자식과 손자들에게 한국어를 가르치지는 않았다. 한국 이름과 한국 국적을 지닌 채 일본 사회에서 살아간다는 것이 어떤 무게를 갖는 일인지 할머니는 설명하지 않았고, 어쩌면 설명할 수 없었을지도 모른다. 나의 부모가 그랬듯 할머니도 말을 아꼈을 것이다. 그런 환경에서 다음 세대가 이름과 국적을 유지하기란 어려웠을 것이다. 지금 어머니를 제외하고 할머니의 자식들은 모두 일본 국적으로 귀화한 상태다.

할머니에게는 대구에서 함께 살던 여동생이 있었다. 동생 역시 일본에서 자이니치 1세와 결혼해 오사카에 살다가 몇 년 전 세상을 떠났다.

돌아가시기 직전 치매로 누워 있던 여동생의 곁을 지키며 할머니가 불러 준 노래는 「아리

랑」이었다. 여동생은 할머니를 알아보았지만, 어린 시절 한국에 갔던 기억도 한국어도 이미 희미하고 가물가물한 상태였다. 할머니는 여동생 옆에 앉아 노래를 부르며 "기억나니?" 하고 연신 물었다.

삼촌이 보내 준 동영상으로 그 모습을 보면서 참을 수 없이 슬퍼졌다.「아리랑」을 부르는 할머니의 목소리에 담긴 애틋함과 떨림에는 한국에서의 시간을 유일하게 공유했던 동생을 놓고 싶지 않은 간절함이 선명하게 배어 있었기 때문이다. 동생이 떠나면 할머니가 한국에서 살았다는 사실을 증명해 줄 사람이 일본 어디에도 남아 있지 않게 된다. 할머니의 노래는 절실하고 위태롭게 들렸다.

동생의 죽음 이후 할머니도 많이 쇠약해졌다. 다리를 다쳐 걷기 힘들어했고 귀도 더 안 좋아졌다. 이제 김치도 담그지 않는다. 나는 할머니와 한국을 잇는 가교가 될 수 있는 유일한 손자라는 생각에 한국어로 쓴 편지를 자주 보낸다. 할머니가 답장을 보내지는 않지만 읽어 주는 것으로 충분하다. 한국에서 일본으로 갈 때면 한국 반찬을 사서 할머니에게 건넨다. 김치나 깻잎절임을 직접 만들어 드리기도 했다. 김치는 완전히 실패해 혹평을 들었지만 깻잎절임은 맛있게 드셨다.

어느 날 할머니는 토해내듯 말했다.

"지금도 가끔 한국에서 죽고 싶다고 생각해."

"왜?" 내가 묻자, 할머니는 대답했다. "여기엔 한국처럼 매운 음식이 없으니까."

고작 그런 이유 때문이야? 그 말이 나오려는 순간, 할머니는 곧바로 말을 이었다.

"역시, 내 고향은 한국이야."

할머니가 한국에서 산 기간은 약 10년. 아흔을 넘긴 삶에서 10분의 1 남짓이다. 그런데도 할머니가 한국을 고향이라 여기는 이유는 10대의 다감하고 여린 청춘을 그 땅에서 보냈기 때문이라고 했다. 그 말을 들으면 내가 일본을 그리워하는 마음을 이해하게 된다. 나 역시 일본에서 10대와 20대를 보냈으니까.

하지만 정말 그것뿐일까. 할머니는 일본에서도 어린 시절을 살았고 자식을 키웠고 짧지 않은 세월을 보냈다. 그럼에도 한국에서의 삶만이 할머니에게 고향의 자격을 갖는 이유는 무엇일까. 한국에서의 10년은 정말 일본에서의 긴 세월보다 더 값졌던 것일까.

그 의문이 조금 풀린 건 할머니를 만나고 집으로 돌아와 어머니와 이야기를 나눴을 때였다. 어머니는 할머니가 요즘 부쩍 한국에 가고 싶어 한다고 말하면서, 한국 이름으로 살고 싶어 하는 할머니의 마음에 대해 들려주었다.

할머니는 일본에서 스미코(すみこ)라는 일본식 이름으로 평생 살아왔다. 밖에서는 자신이 한국 사람이라는 걸 숨겼으니 일본 이름을 쓰는 건 당연했다. 그런데 죽기 전만큼은 '진짜 이름'인 한국 이름으로 살고 싶어 한다는 것이었다.

할머니는 한국에 가면 10대 시절 대구에서 그랬던 것처럼 한국 이름으로 불리고 한국어를 쓰면서, 한국 사람임을 숨기지 않고 당당하게 살 수 있다고 믿었다.

이름! 나와 어머니를 오랫동안 고민에 빠뜨린 그 이름의 문제에 할머니 역시 시달리고 있었다. 한 가지 차이라면 할머니는 한국 이름을 '진짜'라고 믿어 의심하지 않는다는 것이다. 일본 이름을 '거짓 이름'이라고 여기는 마음의 밑바닥에는 한국 이름으로 산다면 스스로를 되찾을 수 있다는 믿음이 자리하고 있다.

한국에 살고 있는 나는 할머니가 한국에 올 수 있다면 얼마나 좋을까 생각하면서도 마음 한편에 불안이 있다. 할머니는 지금의 한국에서 그토록 애타게 그리워한 고향을 정말 찾을 수 있을까. 할머니가 대구 사투리라고 부르던 그 한국어 발음을 정작 대구 사람들은 알아들을까. 말이 통하지 않는 순간이 오면 할머니는 얼마나 상처받을까. 할머니가 그리워하는 고향이란 실체가 있는 공간이 아니라 흘러가 버린 과거의 시간에 불과한 것은 아닐까.

나는 그 답을 모른다. 이름이 자기 자신을 증명해 줄 거라는 믿음이 세대가 바뀌어도 사라지지 않고 이어져 내려온다는 사실만 선명하게 느낄 뿐이다.

할아버지가 없는 땅

2025년 9월, 영화는 전주국제영화제에 이어 제주여성영화제의 초청을 받았다. 제주도. 친할아버지가 태어나 14살까지 지낸 곳이다.

10년 전 한국에서 대학원생으로 지내던 시절 부모님과 함께 제주도로 여행을 간 적이 있다. 제주도에 거주하는 오촌 당숙이 제주국제공항에 마중을 나왔고 제주도의 관광지를 구석구석 안내해 주었다. 우리는 민속촌과 성산일출봉을 구경하고 흑돼지삼겹살과 해산물을 먹었다.

당시 어머니가 즐겨 보던 한국 드라마의 촬영지도 찾아다녔다.

아버지에게 제주도는 자이니치 1세인 부모의 고향이다. 당숙은 우리를 할아버지의 고향인 회천마을에 있는 사찰로 데려다주었다. 내가 태어나기 전 아버지와 어머니가 찾아와 아이 갖기를 기원하던 곳이라고 했다. 그 절은 내가 어렸을 때 비 내리던 풍경을 바라봤던 기억 속의 절이기도 했다.

할아버지는 애향심이 강했다. 일본에 머물렀지만 제주도의 감귤 사업을 주도했고, 관광호텔을 경영하며 관광지로서 제주의 가치를 높이는 데 힘썼다. 제주 음식을 즐겼고, 집에는 성산일출봉이 그려진 커다란 그림이 걸려 있었다. 그런 할아버지의 모습을 보며 자란 아버지는 할아버지가 세운 관광호텔이 다른 회사에 인수되어 완전히 변해 버린 모습을 보고 슬퍼하기도 했다.

제주도 일정의 마지막 날, 당숙에게 감사의

말을 전하던 아버지가 갑자기 울음을 터뜨렸다. 아버지가 우는 모습을 본 것은 내가 귀화하고 싶다고 말한 날 이후 처음이었다. 아버지는 제주도에서 할아버지가 해 온 일들을 더 깊이 알게 되었고, 얼마나 제주도를 사랑했는지를 다시금 실감했다고 말했다. 아버지의 눈물에 어느새 나와 어머니도 눈시울이 뜨거워졌다. 그날 함께 식사하던 한정식집에서 당숙 가족과 우리 가족 모두가 같이 울고 웃었다.

돌이켜 보면 아버지가 내 앞에서 운 것은 모두 귀화나 고향이라는 주제로 이야기할 때였다. 아버지는 평소 이런 문제에 대해 거의 말하지 않는다. 귀화에 반대했던 어머니를 두고는 '민족의식이 강한 사람'이라고 설명하며, 스스로와 거리를 두는 듯한 태도를 보이기도 한다. 하지만 아버지는 한국 국적이라는 이유로 일본 의사협회에서 승진을 거부당하고도 끝내 한국 국적을 유지해 왔다. 내가 귀화하고 싶다고 말했을 때는 자신도 함께 일본 국적으로 바꾸겠다고 했지만, 그런 계기가 없었다면 아버지 스스로 귀화하겠다는 말을 꺼내지는 않았을 것이다.

아버지는 고등학생 때까지 가나우미라는 일본식 성을 사용하다가 대학에 진학한 뒤 어머니의 지시로 '긴'이라는 한국 성을 쓰게 되었다. 하지만 그 결정에 대해 아버지는 별다른 저항을 하지 않았다. 어떻게 그럴 수 있었느냐는 나의 질문에 아버지는 "어차피 가나우미라는 성을 써도 한국 사람이라는 건 드러난다."라고 했다. 한국 사람이라는 이유로 친구들에게 놀림받은 적이 있느냐는 질문에도 "딱히 없다."라는 말만 되풀이했다. 나는 무엇을 물어도 마치 남의 일처럼 답하는 아버지의 태도가 답답했다.

하지만 아버지가 다른 가족들이 모두 귀화를 하는 와중에도 한국 국적을 유지해 온 이유를 아버지의 친척들과 어머니는 알고 있었다. 형제들은 일본 국적으로 바꾸고도 자신들의 어머니 앞에서 여전히 한국 국적인 척 귀화한 사실을 숨겨 왔다. 아버지는 그런 형제들을 보며 자신만은 어머니에게 거짓말을 하고 싶지 않아 지금까지 한국 국적을 유지해 왔다는 것이다.

한국 국적을 유지하는 이유를 단순히 민족 의식이나 자부심만으로 설명할 수 없다. 어머니에게 거짓말을 하고 싶지 않다는 인간적인 감정이 아버지의 국적을 붙들고 있었다. 인터뷰에서 아버지는 "우리 2세는 1세에 좌지우지됐어."라며 한숨을 쉬었지만, 그 안에는 원망이 거의 담겨 있지 않았다. 아버지는 막내로서 가부장적인 자이니치 1세 부모로부터 비교적 자유로웠다. 형제들 중 유일하게 가업을 잇지 않고 자신이 원하는 길을 걸어왔다. 어쩌면 국적 정도는 유지해도 된다고 가볍게 생각했을지도 모른다. 그럼에도 아버지는 제주도에서 고향을 애정하고 그리워한 할아버지의 흔적을 마주하고 눈물을 흘렸다. 아버지의 모습을 보면서 나에게도 제주도는 아버지의 나라, 할아버지가 잠든 곳으로 마음 한편에 남게 되었다.

그로부터 10년이 지나고 영화를 상영하기 위해 다시 제주도 땅을 밟았다. 이번에도 공항에는 오촌 당숙이 마중 나와 있었다. 제주도에 가기 전날 나는 당숙에게 할아버지가 태어난 곳에 가 보고 싶다고 말했다. 10년 전 아버지와 함께 제주도에 갔을 땐 가지 못했던 곳이다.

나를 차에 태워 회천마을로 데려간 당숙이 차를 세운 곳은 감귤 밭이었다. 당숙은 그곳이 바로 할아버지가 태어난 집터라고 했다. 집은 남아 있지 않았고 감귤밭 입구에 '잃어버린 마을'이라는 간판이 세워져 있었다.

동회천 서쪽에 자리하고 있던 이곳 산물낭우영은 산골나무가 많이 자라던 조그만 마을이었다. 4·3 당시 김평식, 허신생, 김창봉 등의 가족 7가구가 살았다. 이곳은 1948년 11월 27일, 군경 토벌대에 초토화된 이후 재건되지 않아 잃어버린 마을이되었다.

친할아버지는 삼 형제이고, 간판 속 김평식은 할아버지의 형이다. 김평식은 일본 식민 통치 시절 도쿄에서 할아버지와 함께 살다가 해방 뒤 먼저 제주도로 들어갔다. 이미 할아버지의 부모는 세상을 떠난 상태였다. "상황 봐서 부르겠다."라는 형의 말을 듣고 할아버지는 일단 도쿄에 남았다. 하지만 1948년 4·3사건으로 모든 것이 바뀌었다. 할아버지의 남동생인 김평화가 희생되었고, 김평식이 살던 마을도 공격당했다. 김평식의 가족은 바다 주변으로 피난했다가 더 이상 동회천으로 돌아갈 수 없어 그곳에 집을 새로 꾸려 살았다. 일본에서 기다리는 동생을 제주도로 부를 여유는 없었다. 집은커녕 고향 마을 자체가 사라져 버렸다.

당숙은 나를 근처 가족 묘지로 데려갔다. 흩어져 있던 조상 묘지를 최근 한자리에 모았다고 했다. 할아버지의 조부모, 부모, 형, 남동생, 일찍 돌아가신 당숙의 형제까지 나란히 누워 있었다. 오직 할아버지만 없었다.

할아버지의 묘지는 일본 도쿄에 있다. 생전에는 제주도에 묻어 달라 했지만, 나중에 자손들이 방문하기 쉽도록 도쿄에 묻어 달라며 뜻을 바꿨다. 마찬가지로 제주도 출신인 할머니도 할아버지와 함께 도쿄에 묻혔다.

그동안 도쿄에 있는 할아버지의 묘지를 방문하면서도 나는 어쩐지 할아버지가 도쿄가 아니라 제주도에 계실 거라고 믿고 있었다. 아버지가 제주도에서 1세 아버지의 흔적을 찾은 것처럼 나 역시 제주도를 자유로이 오가는 할아버지의 영혼을 상상하곤 했다.

그러나 막상 제주도의 가족 묘지에 서서 내가 느낀 것은 할아버지의 부재였다. 나란히 자리한 친척들의 묘지에서는 묘한 유대감이 느껴졌다. 4·3사건이라는 생명을 위협하는 폭력과 제주도에서의 가난한 삶을 함께 의지하며 버텨 온 시간들. 그 시간 속에 일본으로 떠난 할아버지가 끼어들 자리는 없어 보였다. 할아버지는 여기에 없다.

묘지는 언덕 위에 자리하고 있어 멀리 바다가 내려다보였다. 그 바다는 나에게 할아버지의 영혼이 이곳으로 돌아오는 것을 가로막고 있는 무언의 경계처럼 보였다. 나는 제주도를 평생 그리워하던 친할아버지와 한몸이 된 기분이 들었다. 그 순간 외할머니한테서 여러 번 듣고도 어딘가 추상적인 개념으로 여겨졌던 '고향'이라는 말이 처음으로 물질적인 무게를 지니고 나에게 다가왔다. 상실감과 함께 파도처럼 밀려왔다. 할아버지는 고향에 없다.

전주영화제에서의 두 번째 영화 상영. 나는 어머니와 조금 떨어진 자리에 앉아 어머니의 반응을 지켜보았다. 어머니는 첫 번째 상영 때보다 더 자주 눈물을 보였다. 일본어 자막을 입힌 버전을 본 뒤여서 영화가 훨씬 더 깊게 와닿았을 거라는 짐작은, 상영 후 GV에서 눈물이 차올라 인사도 못 하는 어머니의 모습을 보며 더욱 분명해졌다. 첫 번째 상영 이후에는 당당하고 힘 있는 목소리로 이야기하던 어머니가 두 번째 상영 이후에는 눈에 띄게 떨리고 여린 목소리로 말을 이었다.

하지만 질문에 대한 어머니의 대답은 훨씬 더 또 렷하고 정확했다. 관객들한테서 받은 마지막 질문은 이랬다. "이 영화를 본 관객들에게 어떤 메시지를 전하고 싶으신가요?" 이 질문에 대한 답변을 많이 연습했음에도 나는 제대로 답하지 못하고 머뭇거렸다. 반면 어머니는 같은 질문을 받자 흔들림 없는 명확한 목소리로 말했다.

"어쩌면 여러분의 곁에도 자이니치가 있을지 모릅니다. 그럴 때 이 영화를 떠올리며 따뜻한 마음으로 대해 주셨으면 합니다."

그 말은 들은 순간 내가 이 영화를 통해 건네고 싶었던 말을 어머니가 누구보다 정확히 이해해 주었다는 사실을 깨달았다. 내가 어머니에게 바란 것이 내가 아직 어머니를 용서하지 못한다는 고백에 대한 대답이 아니었을지도 모르겠다고 생각했다. 나는 내가 한국으로 오게 된 궤적과 지금 한국에서 서 있는 위치를 어머니가 이해해 주기를 바랐던 것 같다. 어머니가 자신을 이해하려는 나의 모습을 보면서 위로받았듯, 그날 나 또한 어머니의 그 한마디로 처음으로 깊은 위안을 얻었다.

전주국제영화제의 모든 일정을 마친 뒤 어머니와 나는 잠시 순천을 여행하고 서울로 돌아왔다. 다음 날 나는 출근해야 했고, 어머니 역시 곧바로 일본으로 돌아가야 했다. 나와 어머니는 곧 각자의 현실로 돌아가야 한다는 사실 앞에서 나란히 우울한 표정을 짓고 있었다.

첫날 서울에서 전주로 가는 기차 안에서 나를 지배했던 불안감을 다시 떠올려 보았다. 모든 여정을 마친 지금, 내 옆에 앉아 있는 어머니가 나를 누구보다 이해하고 있다는 안도감이 들었다. 어머니도 같은 마음이었으면 좋겠다고 생각했다.

그날 김포국제공항 출국 게이트에서 헤어지는 사람은 나와 어머니밖에 없었다. 공항에서 가족과 작별하는 일을 수십 번이나 겪었지만 여전히 익숙해지지 않는다. 나와 어머니 사이에는 암묵적으로 정해진 규칙이 있다. "안녕(バイバイ)" 대신 "또 봐(またね)"라

고 말하는 것. 서로 슬퍼지지 않기 위한 약속이다. 하지만 게이트를 지나는 어머니의 숱이 많이 줄어든 뒷모습을 바라보며, 문득 우리가 언제까지 또 보자는 말을 아무렇지 않게 할 수 있을지 모르겠다는 생각이 들었다.

다음 리카에게

2025년 봄. 집 앞 마당에는 씨앗을 뿌리지 않았는데도 시소 새싹이 흙을 뚫고 올라와 저절로 자라났다. 지난겨울 시소 꽃 속에 있던 씨앗이 흙에 떨어져 다시 싹을 틔운 것이다. 처음에는 일본 음식이 그리워서 키우기 시작한 시소가 이제는 마당의 주인으로 자리 잡은 듯했다.

그런데 씨를 심어 자란 시소 잎과 저절로 자라난 시소 잎은 색이 미묘하게 다르다. 저절로 난 잎은 눈에 띄게 연한 색이다. 향도 그리 강하지 않다. 식물이라면 당연히 가질 법한 차이일 수 있지만 시소 뿌리 곁의 흙을 손끝으로 만지며 자꾸만 다른 생각에 잠긴다.

한국의 흙과 물로 싹을 틔운 이 식물은 언제까지 시소의 독특한 향을 품고 있을까. 그리고 나는 이것을 언제까지 ‘시소’라는 이름으로 부를 수 있을까. 단순히 식물의 향과 색에 대한 의문이 아니다. 땅에 스며들어 남은 흔적, 그 흔적이 다음 세대로 이어지는 방식, 그리고 이름이 기원을 붙잡아 주길 바라는 마음에 대한 질문이다.

한국에서 살아온 기억을 공유하던 사람이 사라진 뒤에도 할머니가 한국을 고향이라 부를 수 있는 이유는 그 흔적이 유실되지 않고 땅 위에, 혹은 땅속에 남아 있기 때문일 것이다. 하지만 여기서 말하는 흔적은 결코 자연스럽게 남겨지는 것이 아니다. 할머니는 한국 이름을 자식에게 줌으로써, 어머니는 한국 국적을 고집함으로써 그 흔적을 다음 세대까지 이어 가려 했다. 그러나 그 흔적은 다음 세대에게 곧바로 받아들여지지 않는다. 어딘가 구시대적인 기운을 품고, 그 세대의 언어와 리듬에 완전히 맞물리지 못한 채 기묘하고 부자연스럽게 남아 있다.

하지만 땅에는 선구자의 흔적만 남아 있지 않다. 그 위에는 다음 세대가 만들어 낸 산물도 함께 뿌리를 내리고, 서로를 밀어내지 않은 채 공존할 수 있다. 나는 영화라는 수단을 통해 어머니와 마주하고자 했다. 어머니를 이해하고 우리가 상호작용했다는 사실이 나에게도 작지 않은 안도감을 주었다.

책의 서두에서 나는 죽음이 무섭다고 말했다. 여전히 변함이 없다. 이 글을 쓰고 있는 지금도 나는 삶의 마지막 장소를 정하지 못했고, 앞으로도 정할 수 있을 것 같지 않다. 언제까지 한국에 살게 될지, 언제 다시 일본으로 돌아갈지 알 수 없다. 아무것도 정해지지 않은 가운데 내가 한 선택은 나에게 주어진 이름을 거부하는 대신 낯선 기원의 언어로 이 책을 쓰는 것이다. 그것은 자이니치 1세에서 2세, 3세로 이어진 이

비옥한 흙에 새로운 씨앗을 심는 행위다. 어쩌면 나는 누구보다 한국이라는 땅에 집착하는 사람처럼 보일지도 모른다. 하지만 이 땅이 나에게 '돌아가야 할 곳'은 아니라는, 말로 설명하기 어렵지만 분명한 감각이 내 안에 존재한다.

지금 내가 할 수 있는 일은 리카와 이향, 그리고 리향 사이에서 흔들리며 살아온 나의 이야기를 쓰는 것이다. 내가 대학생 시절 읽은 소설 속 '유희'에게 내 모습을 비추었듯, 소외감 속에서 쉽게 스스로를 부정하게 되는 모든 '다음 리카'에게 이 책을 건넨다. 단순하게 공감하거나 빠르게 단절해 버리지 않고, 자신과 주변을 향해 끊임없이 물으면서 이해하려는 시도가 이어지기를 바라면서. 나는 그 가능성을 믿고 있다.

참고 문헌

가네시로 가즈키, 김난주 옮김,『GO』(북폴리오, 2006).

김이향,「돌아온 조국과 그리운 고향 사이에서: 재한(在韓) 자
이니치(在日) 2세 여성의 집」, 서울대학교 인류학과
석사학위 논문(2017).

정병호,『고난과 웃음의 나라: 문화인류학자의 북한 이야기』
(창비, 2020).

多和田葉子,『エクソフォニー―母語の外へ出る旅』(岩波現代
文庫, 2012).

李良枝,『由熙』(講談社文芸文庫, 1989).

김이향,「이방인의 텃밭」(2025).

전후석,「헤로니모」(2019).

崔洋一,「血と骨」(2004).

대담 ─ 이전 세대의 시간으로 들어가기

김이향(리카),

송재홍,

홍성훈,

김세영

세영   땅 시리즈에 함께할 저자를 찾던 중 홍성훈으로부터 리카를 추천받았어요. 그 뒤로 리카의 논문「돌아온 조국과 그리운 고향 사이에서: 재한(在韓) 자이니치(在日) 2세 여성의 집」을 읽었는데요. 한국인과 결혼해서 한국에 사는 자이니치 2세 여성에 대한 연구인데, 논문에 연구자 자신의 이야기가 쓰여 있지는 않으니까 어쩌다 이런 연구를 하게 되었을까 궁금했어요. 리카 자신이 자이니치 3세이고 성인이 되어서 한국어를 공부하기 시작했다는 걸 만나서 이야기하면서 알게 됐어요. 그 뒤로 리카의 가족을 다룬 영화「이방인의 텃밭」상영회에서 영화도 함께 봤죠. 이 책이 그 영화를 중심에 두고 있기도 하고요.

리카　처음 제안받았을 때는 제가 작년에 찍었던 영화를 보충하는 작업이 되겠다고 생각했어요. 그래서 책 제목도 '이방인의 텃밭'으로 정했고요. 그런데 쓸수록 글로밖에 표현이 안 되는 것들이 있더라고요. 중간부터는 그냥 영화에서 독립된 또 하나의 작품을 만드는 기분으로 재밌게 했어요.

재홍　글을 읽으면서 부럽고 멋있었어요. 이미 영화를 찍었기 때문에 이렇게 쓸 수 있었다고 쉽게 말할 수도 있겠지만 그게 전부는 아닌 것 같아요. 저자가 정말로 부모님을 이해하고 싶었던 것 같아요. 그게 느껴져서 감동이었어요.
한국, 중국, 일본 세 나라에서 세대에 대한 감각이 유독 심한 것 같아요. 세대 간 차이에 민감하고 사회학이 그걸 그대로 반영해서 증폭시키는 것 같고. 이 책이 세대를 정확하게 이해하고 성찰하려는 시도라고 생각했어요. 이전 세대가 이루지 못했던 꿈 같은 것들이 일종의 업보처럼 다음 세대에게 이어지고 다음 세대는 그걸 외면할 수도 있죠. 그런데 이 글은 그것들을 품고 있어요. 그렇게 차이를 품어서 넉넉하게 잘살 수 있는 방법이 뭘까 하는 궁금증이 들었어요.

리카　　저는 이전 세대를 이해하려고 작업했지만 이해하는 게 정답은 아닐 수 있어요. 일본이나 한국, 중국 그리고 자이니치 사회에도 지난 세대에 순종해야 한다든지 전통 관습을 따라야 된다라는 전제가 있어서 더 괴로운 측면이 있죠. 후대는 선대를 이해해야만 하는데 선대가 후대를 이해하는 작업은 많지 않잖아요. 그럼에도 제가 지난 세대를 이해하려고 했던 것은 그렇게 해야만 제가 지금 한국에 있는 이유를 알 수 있기 때문이었어요. 단절은 상대적으로 쉽고 단절함으로써만 마음의 평온을 이룰 수 있다고도 생각하지만, 그건 외면하는 것과 마찬가지예요. 제가 한국어를 공부하고 한국에 살고 있는 것을 포스트모더니즘이나 민족주의로는 설명할 수 없거든요. 그 설명할 수 없음에 지난 세대가 남긴 흔적들이 있기 때문에 지난 세대와 대면하는 것이 제가 해야 하는 작업이었어요.

그런데 저는 이 책을 한국어로 썼잖아요. 부모가 읽을 수가 없어요. 그런 부분에서 저랑 어머니가 서로를 이해해서 다음 단계로 나아가는 데까지 이르지는 못한 것 같아요.

성훈 리카는 이 책을 쓰면서 일본이든 한국이든 스스로 '있는 리카' 자이리카로 독립을 해서 앞으로 땅만 마련하면 다음 리카들을 넉넉하게 품을 수 있을 거예요.

재홍 어떤 존재에 대해서 무관심하거나 외면하면서 침묵하고 질문하지 않는 사람들이 있잖아요. 그 사람들한테 일종의 메시지를 보내는 책이라는 생각이 들어요.

리카 무관심하게 살고 있는 사람들에게 위화감을 주고 싶었어요. 영화 내레이션에 서툰 한국어 발음을 자막 없이 넣었던 것도 사람들이 제 어색한 한국어를 열심히 듣기를 바랐기 때문이었어요. 이 사람의 한국어가 본인들이 쓰고 있는 한국어가 아니라는 어색함을 느꼈으면 좋겠다는 생각이 있었어요. 글을 쓸 때도 일본어 표현을 많이 쓰는 편인 것 같아요. 제가 한국에서 안 살았기 때문에 한국적인 표현을 잘 모르기도 하고요. 조금 다른 한국어에 대해서 독자들이 낯섦을 느끼면 그것만으로도 일단 됐다고 생각해요.

그러면서도 제목을 '다음 리카에게'라고 정한 이유는 이 책이 자이니치라는 특수한 집단뿐 아니라 일상적으로 배제되어 있거나 경계에 서 있다는 감정을 느끼는 사람들이 본인의 이야기로 받아들이기를 바랐기 때문이었어요. 독자를 주인공으로 삼은 거죠.

성훈 그래서 자이리카라니까. 이게 자이니치라

는 좁은 땅을 사람의 보편성으로 열어제끼는 엄청난 작업이란 말이죠.

리카　한국 언론에 표상되고 사람들 눈에 잘 띄는 자이니치는 민족학교에 다니거나 차별받고 투쟁하는 사람들이 대부분일 텐데요. 저는 그들 속에서 스스로가 목소리가 없는 다수(silent majority)라고 생각했어요. 지금 일본에서 특별영주자격으로 살아가고 있는 자이니치 인구가 약 27만 명인데, 그중에서 조선학교를 다니는 학생 수는 4000명도 안 돼요. 대부분은 한반도 언어와 역사, 문화를 모르고 사는 자이니치들이지만, 이미 일본 사회에 깊이 스며들어 있기 때문에 오히려 잘 보이지 않는 거죠.

사실 이렇게 책을 내는 것도 하나의 권력이잖아요. 목소리를 낼 권력을 가지고 있다고 생각하면서 쓴 거지만, 다른 자이니치들에게도 목소리를 낼 기회가 많이 열렸으면 좋겠어요.

성훈　리카도 이 책으로 물음을 던지는 거죠. 내가 『날로 노는 홍대』에서 '홍대 알바'를 정의하고 개념화하는 게 아니라 열어 두고 거기에 공감하는 친구들이 2차 창작을 하고 자기 작업으로 풍성하게 만들어 주길 바라는 것처럼. 내 땅이 없는데 초대하는 역설인 거죠.

세영　땅이 없다는 의미는? 책은 땅이 아닌가요?

성훈　책도 비유적으로 땅일 수 있는데 정말 물리적으로 땅 주인만 가질 수 있는 환영의 권리가 있죠. 사람이 책만 읽고 살 수는 없으니까. 월세 안 내면 책만 읽고 살 수 있을 거고. 하지만 리카가 책을 권력으로 이해했으니까 이 땅 없는 권력으로 다음 리카를 초대해서 앞으로 함께 진짜 땅을 개척할 수 있겠죠.

리카가 자이니치이기도 하지만 이 책에서는 리카 자신의 특수성이 영화에서보다 더 적극적으로 드러나고 있다고 생각해요. 리카가 이 책을 통해서 독립을 이루어 내는 것 같은데 그 배경과 조건에 두려움이라는 테마가 있다고 느꼈어요. 소속이 없다는 것에 대한 두려움이 있었던 건가요?

리카　'나보다 더 힘든 자이니치도 있는데.'라는 체념과 비슷한 데서 오는 허무함이 있는 것 같아요. 일본과 한국 사이 어디에도 온전히 속하지 못하고, 그렇다고 자이니치 사회 안에서도 완전히 뿌리 내리지 못한 채 떠 있는 느낌이랄까요.
물론 일본 사회의 특징도 있어요. 한국과 마찬가지로 어릴 때부터 소속을 요구하거든요. 동생 이야기인데, 학교에서 담임 선생님이 이름 개수로 그룹을 만들라고 했대요. 긴리카라는 이름이 네 글자인데, 일본에는 이렇게 짧은 이름을 가진 사람이 없어요. 결국 그룹을 못 만들었대요. 그런 사소한 그룹화가 일본 사회에 정말 수없이 존재하기 때문에 소속할 수 없다는 두려움이 어렸을 때부터 자연스럽게 형성돼요. 소속이 안 되어 있지만 소속되어야 된다는 갈망이 계속 있어 왔죠. 다만 이것 또한 개인의 차이인 게 제 동생들은 저처럼 귀화를 시도하지는 않았으니까요.

성훈 나는 리카가 소속이라는 개념을 먼저 이해하고 소속이 없다는 사실을 받아들이고 소속을 발명하려는 갈망을 어릴 때부터 가지고 있는 게 너무 신기해요. 굉장히 고차원적인 사고잖아요. 동생들은 안 그렇잖아. 그런데 그게 어머니에게서 대물림되는 것 같아요. 어머니도 식구 중에 본인만 한국 국적을 유지한다고 했고 리카도 식구 중에 혼자만 이렇게 책까지 쓰면서 한국에서 독립하려는 의지가 강하고. 이번에 책 쓰면서 이야기 나누고 보니 어머니 이전에 함메에게 이미 그 강력한 돌연변이 씨앗이 있었던 것 같아요. 돌연변이의 대물림이랄까?

리카 1세가 2세한테, 2세가 3세한테 한국 국적과 한국 이름을 계승한 것도 결국에는 두려움 그러

니까 위태로움이 있었던 것 같아요.『날로 노는 홍
대』는 '언제니'라는 질문을 가져오는데, 그 시간적
인 근원이 사라진다라는 불안감이 있어요.
할머니가 그리워하는 고향이라는 게 공간적으로
는 이미 존재하지 않아요. 할머니의 고향은 시간에
있어요. 할머니한테 왜 "한국 시장에 가고 싶어?"
물어보면 "시장 사람들하고 한국어로 대화할 수
있으니까."라고 해요. 그걸 통해서 소속감을 느끼
고 싶어 하는 것 같아요. 그런데 이미 경상도 사투
리가 아니게 된 할머니의 말을 대구 사람들은 못
알아먹을 것 같거든요. 말이 안 통하는 그런 상황
에 놓이면 할머니의 고향이 그 순간에 사라져 버리
지 않을까.

재홍　일본어로는 언제니라는 말이 없나요?

리카　너는 누구니?, 너는 어디니?는 말이 되지
만, 너는 언제니?라고는 잘 묻지 않아요. 이번 작
업은 저에게 시간을 거슬러 올라가는 일이었다는

생각이 들었어요. 영화「이방인의 텃밭」이 영상으로 보여 주는 작품인 만큼 공간적 기원이 더 부각되었다면,『다음 리카에게』는 자이니치 2세인 부모와 자이니치 1세인 조부모의 시간적 기원을 파헤치는 작업이라고 할 수 있을 것 같아요.

하지만 부모나 조부모를 근대적 시각으로만 다루고 싶지는 않았어요. 포스트모더니즘적인 시각에서 부모와 조부모를 민족주의라고 비판할 때, 국가 중심의 가치관에 따라 살아온 사람들을 이해하지 못할 위험이 생긴다고 생각해요. 하나의 가치관을 갖고 살아온 시대의 사람들과 시간적 단절을 초래할 수 있는 거죠.

그래서 과거의 가족 갈등 속에 머물며 자신의 가치관을 바꾸지 않았던 부모와 조부모의 시간 속으로 들어가 보고 싶었어요. 그들과 동화되기 위해서가 아니라, 제가 서 있는 땅을 이해하기 위해서요. 우리는 모두 같은 땅에서 살아가니까요.

다음 리카에게

1판 1쇄 찍음 2026년 4월 3일
1판 1쇄 펴냄 2026년 4월 17일

지은이 김이향
발행인 박근섭, 박상준
펴낸곳 (주)민음사

출판등록 1966. 5. 19. (제 16-490호)
서울특별시 강남구 도산대로1길 62(신사동)
강남출판문화센터 5층(우편번호 06027)
대표전화 02-515-2000
팩시밀리 02-515-2007
www.minumsa.com

ⓒ 김이향, 2026. Printed in Seoul, Korea

978-89-374-9253-2 04300
978-89-374-9250-1 세트

잘못 만들어진 책은 구입처에서 교환해 드립니다.